給我
來一點
阿拉伯

哈寧、約瑟夫———著
古代穀studio———繪

目錄

約瑟夫
Yusuf

　　高中時期反骨，加上喜歡語言，因此選擇就讀政大阿語系。

　　喜歡吃鷹嘴豆泥搭配大量橄欖油。

　　喜歡各種語言的文法邏輯，但有時過於刁鑽，搞得自己七葷八素。

哈寧
Hanin

　　討厭冬天，喜愛語言，因此選擇聽起來天氣最熱的阿語系。

　　大三前往埃及亞歷山卓學習阿語，最喜歡吃當地加了雞肝的埃及滷肉飯（Koshary）。

　　畢業後考上約旦獎學金，再次出發阿拉伯世界，探索黎凡特地區的美麗與哀愁，旅經巴勒斯坦、以色列、土耳其，最喜歡的城市是耶路撒冷，以道教徒之姿穿梭在穆斯林、基督徒和猶太教徒之間，品嚐不同文化激盪的火花與矛盾。

阿語人，也就是就讀「阿拉伯語文學系」這個數一數二冷門科系的人。對於阿拉伯、中東、伊斯蘭世界，大家難免比較陌生，甚至戴著有色眼鏡來看待。我們希望透過這本書，向大家介紹阿拉伯文化的有趣面貌，更希望能破除各種奇奇怪怪的刻板印象，讓大家認識阿拉伯、喜歡阿拉伯。

但首先，身為阿語人，一路上真的碰過太多哭笑不得的對話，我們不得不數落一下眾生的幽默感，真是太令人髮指啦！第一次見面的適當玩笑固然很好，可以馬上拉近彼此距離，對方不再只是天邊的一朵遠雲，而是相濡以沫之友。但你能想像，每次與不同的人見面，聽到的都是同樣的兩、三個玩笑嗎？耐心聽完還必須表現出溫良恭儉讓，笑著應答：「哈哈哈！沒有啦！」其實心中大翻白眼，只祈求老天行行好，拜託讓我快點結束這無聊的嘈雜對話。

而這篇序就是要告訴大家，惹惱阿語人有多容易，更重要的是，希望大家閱讀完本書之後，再也不會重蹈覆轍。

惱人一
所以你以後要去那裡賣石油喔？

這句話我們懂。大家對阿拉伯的第一印象是石油，合情合理。但是「賣石油」？拜託！我能賣石油還在跟你們這些市井小民閒談？還要在那邊關心基本月薪、年金改革？早就去當那 1% 逍遙啦！

如果大家能稍微轉個角度，問問「所以你們很多人會去石油產業工作嗎？」或是「現在油價頻頻下探，阿拉伯那邊的工作會不會影響到你們？」鐵定能表現出你更知性的一面。

惱人二
所以你會講阿拉伯語喔？

所以日文系會講日文喔？韓文系會講韓文喔？中文系會講中文囉？

惱人三
所以你要嫁給石油富豪喔？

這個玩笑呢，我們的反應從起初的蹙眉不語，聽了不下百遍之後，到

現在已經可以收放自如地莞爾一笑。大家都想一步登天，所以有時會幻想嫁給石油富豪，什麼事都不用幹，每天躺在家，錢就是你的床、你的桌、你的飲食、你的光明，錢多到你可以大聲說：「我覺得錢不重要，心靈充足才是人生最重要的！」這句話像是在說：學阿拉伯語是為了要尋覓未來的提款機。這想法很新潮，我可以想見系上招生時主打「進入阿語系，尋找人體 ATM 不是夢」的樣子，相信可以吸引許多有志之士。但我們就不是嘛，純粹就是想要培養國際觀、增加個人競爭力呀（笑）！

惱人四
好特別的系喔，我愛你 & 你好怎麼講？

這種問題坦白講，並不是只有阿語人會遇到，我想義大利語、斯拉夫語、土耳其語的人一定也深有同感。我們只是很好奇，大家的語言熱情怎麼一下就打開了。有些新朋友聽到阿語系，馬上就問起「我愛你」怎麼講，對於平常自稱「沒有時間學習，所以英文不好」的他們，這真是令人感到欣慰。

不過，五秒後大家就會忘光光，接著從頭再問一遍上述三個問題。這問題不是不好，只是我們比較沒有耐心，要糾正又嫌煩，不糾正又顯得沒氣度，只好唬弄過去。

惱人五
所以你以後會變恐怖分子嗎？

這句話千萬不要講。

在此一定要說個教：阿拉伯人跟你我都一樣，他們也有自己喜歡的影星、自己愛的歌、自己的興趣，不是每個人都是恐怖分子（當然你得想想恐怖分子的定義到底是什麼？為什麼會有恐怖分子？）不要以為阿拉伯人都很閒，都不要命，他們自己也是百般無奈，怕得要死。這種偏見不但毫無尊重，也使人無法認識世界，更會造成人與人之間的衝突。請務必要有一顆開放的心。

如果你也曾問過阿語人相同的問題，請不要覺得愧疚。畢竟整個阿拉伯世界的地理、人文風貌，對我們來說實在太過模糊。本書可能無法讓你讀完就能發表期刊論文，但保證能在你下次遇到阿拉伯人、阿語人、穆斯林朋友時，為你解決想聊、又怕問了蠢問題的窘境。也讓你在瞭解不同文化時，長出一顆更開放、更親切的心！

阿拉伯基本功

阿拉伯語也有
前世與今生!?

伊斯蘭教到底信什麼?

禮拜可不能隨便做!

齋戒月都不能
吃東西怎麼辦?

首先，
在話說從頭前，
要先懇請大家
接受我的任性。

其實，
阿拉伯語非常優雅，
它的文法結構細膩、
發音獨到、書寫優美…
但！

恐怖分子說
的語言嘛！

好像是奇怪
的語言…

為什麼
要學啊？

友 友 友 友

推廣阿語時，我常收到
這類反應，所以我不斷
思考原因，也終於得到了
答案，那就是…

『阿～拉伯語』
這個中文音譯，
太奇怪了！

是這樣嗎？

在我來看，「阿」這個字太古怪了，就好像哪天如果出現「嗎語」或「吧語」，它們可以順理成章結作伴一樣。真希望哪天某位偉大的教育家把所有教科書及字典消滅，把「阿拉伯語」變成「雅爾博語」，那就太好了。雅爾博語念起來就好像是《魔戒》的精靈語，一聽就有種金髮飄逸、雲仙樂園、凱特・布蘭琪般的夢幻聯想。所以，以下為了滿足一己私慾，我姑且先強迫大家把「阿拉伯」改稱為「雅爾博」。

 各位放心，「雅爾博」只會在本章使用，我們的正式名稱仍是「阿拉伯」唷！

雅爾博語的前世

講了那麼多自己的任性，是該來好好談談雅語的基本知識。雅語屬於「閃含語系」，聖經記載，諾亞的眾多孩子中有兩位叫「閃」與「含」，雅爾博人與猶太人都是閃的後代，他們的語言因此稱作閃語系。也就是說，雅爾博語以及猶太人使用的希伯來語，事實上來自同一語系，彼此是兄弟語言。

諾亞　　閃　　我說雅爾博語　　雅爾博人
　　　　含　　我說希伯來語　　猶太人

9

由於一個語言的來由牽扯到許多學術認定，我們姑且不再著墨於雅爾博語的形成，只針對雅語的現代用法進行一些探討。

我們必須先知道，「官方語言」跟「方言」之間，其實只有一線之隔。官方語言之所以為官方語言，並不是因為大家都在講，而理所當然變成官方語言；而是政府為了統一區域內語言溝通的方便，選定某「方言」為「官方語言」。

就像日語是以東京一帶的方言為標準語，而不是京都（所謂的關西腔）。西班牙語則是以卡斯提雅地區的方言為標準，這也是為什麼巴塞隆納這麼不爽地想要分家，因為巴塞隆納也有自己的語言。至於雅爾博語，則是以古蘭經（先知穆罕默德所使用的語言）為標準，後來隨著雅爾博語的擴張，發展出埃及方言、黎凡特雅爾博語、海灣方言等眾多方言。

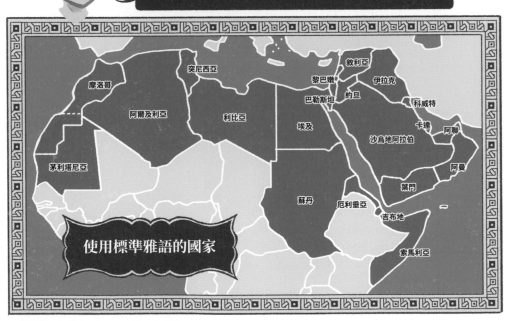

雅爾博語的今生 – 雙層語言

在瞭解何謂雙層語言（Diglossia）前，我們先來看看雅語在中東的使用情況。

使用標準雅語的國家

突尼西亞
摩洛哥
敘利亞
黎巴嫩
伊拉克
巴勒斯坦
約旦
科威特
阿爾及利亞
利比亞
埃及
卡達
阿聯
沙烏地阿拉伯
茅利塔尼亞
阿曼
葉門
蘇丹
厄利垂亞
吉布地
索馬利亞

嗯，感覺還不少，使用的人也有 2.2 億，世界排名第七，比台灣人最愛學的日語及韓語還多。那這些人日常會話也說標準雅語嗎？

使用標準雅語做
日常會話的國家

你沒看錯，不是出版社沒印到圖，也不是你眼殘。就是一片空白。沒有任何國家在日常會話中使用標準雅語。

所以在學雅語之前，我們得先理解「雙層語言」這個概念，指的就是一個地區有密切使用兩種語言的現象，通常就是區分為「官方語言」跟「口語」。

對我們來說，這個現象並不難理解，舉例來講，先想像自己是個完全不懂中文、來自遙遠西方的某人。經過四年的苦心研讀，你終於能操縱自如地使用「標準漢語」，還給自己取了一個別名叫許慎（就是《說文解字》的作者啦！）某天，你去香港度個假，打算到蘭桂坊小酌一下，好好享受一杯 Mojito，犒賞自己四年來的苦讀，你心想：「跟香港人交談，操漢語如流水的我，不可能會遇到任何問題！」

結果現實是，當你瞧見對面那個單身的香港人，正要搭訕他／她時，卻發現對方滿口都是粵語。在香港，你可以遇到聽懂標準漢語的香港人，但是完全不會講的人也是大量存在。

也就是說，香港便是個有雙層語言的地方，雖然官方語言為標準漢語，口語卻是粵語。雅爾博語地區也有類似情況，老百姓平常講「雅爾博語方言」，電視上才可能會聽到「標準雅語」。

所以，想學習雅爾博語的人也會遇到上述狀況，你會發現街上沒人在講標準雅爾博語，而是充滿各地方言。以下這張圖秀出了雅爾博語方言的大致劃分區域。

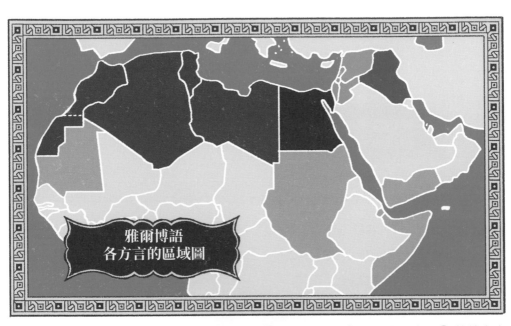

雅爾博語
各方言的區域圖

● 北非方言 ● 黎凡特方言 ○ 海灣方言 ● 埃及方言 ● 伊拉克方言 ● 其他方言

汝安好？你好嗎？力厚伯？雷吼麻？

如果今天有個外國人跟你問好，卻說出「汝安好？」，你一定感到丈二金剛，因為現在根本沒人這樣說話了。但原則上，你也不至於聽不懂，

甚至還可以藉此延伸，去認識這個語言的根本，甚至認識更多方言。雅爾博語的官方語言，就是類似這樣的狀況。

標準語說
كيف حالك
kaifa haluk
（凱法哈魯）

約旦人說
كيفك
Kayfak
（凱伊法）

埃及人說
ازيك
izayyak
（伊札亞）

雅爾博語只用在各種官方正式場合、新聞媒體。話雖如此，但新聞媒體的談話節目用方言交談，TED 的雅爾博版也是使用方言，所以方言的重要性真的不可不知。

不過大家也不用灰心喪志，因為當你學會標準雅爾博語之後，就會發現學習方言易如反掌、輕鬆愉快。而且基於你是外國人，就算用標準雅爾博語跟母語者交談，他們仍然會忍住笑意為你解答的。

另外，不必擔心雅爾博語國家這麼多，難道要學上那麼多方言才能對話嗎？在雅爾博地區，由於埃及影視及流行文化的傳播，使得大部分人都熟稔埃及方言。日常對話上，除了埃及方言，如果你會法語，那麼生活也同樣如魚得水。因為法國殖民的關係，北非國家諸如阿爾及利亞、突尼西亞，以及黎凡特地區的黎巴嫩，都是法語非常普及的地方。

總之，學習標準雅爾博語之餘，不要只是一味的偏食，以為標準語就可以打天下，或是認為方言只是南蠻鴃舌，這是很糟糕的想法。也不要忘了要學習標準雅爾博語的分身——方言。這才是用語言理解一個文化的根本辦法。

奧妙精深的
肢體語言

　　阿拉伯留學期間，改變我最多的一件事情，其實是肢體語言的運用。阿拉伯人的肢體語言實在太豐富，導致我現在回台灣跟人說話時，如果手沒有一起跟著動就渾身不對勁，好像有種啞巴吃黃蓮的痛苦。

　　在這邊傳授三種肢體語言，就算你不懂阿語，也能對阿拉伯人掏心掏肺。

① 放輕鬆點！

　　赴阿拉伯朋友的約時，他常常會在你抵達一小時之後才姍姍來遲。當你氣呼呼地質問他的時間觀念時，他就會給你右圖的手勢，跟你表示：「放輕鬆點，老兄！」

我是說真的。

當你千里迢迢來到埃及觀光，正要買個紀念品時，往往都會有這樣的情境：老闆成功判斷你是台灣人之後，就會說他「剛好」也有個台灣朋友，想以此套交情，讓你不好意思殺價。這時請注意老闆的手勢，他必定會打一個 OK，表示：「我對天發誓」。

為什麼？

承上，你總希望買東西有些小折扣，而老闆發現交情套不成，便會板著臉，對你比出一個「八」，還加上旋轉動作。這並不是算你八折，只是阿拉伯人的個性比較直接，他想說的是：「為什麼要殺價？」不過你也無須爭論，只要笑笑離開，他自然就會追上來跟你繼續談價了。

高中歷史
國中歷史
國小歷史

從小到大，
課本中的世界史，
伊斯蘭文化
總是簡單帶過

直到我上了
大學阿語系…

中東歷史　西亞歷史地理
地理　　伊斯蘭文化
　　　古文明

我才發現我居然錯過了攸關全球 1/4、
16 億人口的人文知識啊！

朋友們知道我的科系，常常會問我一些有趣的問題…

齋戒月一個月不吃
東西，會不會餓死？

友

其實不會…

一天拜拜五次，
如果忘記怎麼辦？

友

你真不瞭解
他們…

什麼是
六信、五功？

就是這個！

友

真是好問題！
讓我慢慢道來。

嗯？
要很久嗎？

人性很自然地會為我們所不熟悉、不理解的文化或群體，直接貼上未知、恐怖、危險的負面標籤。諷刺的是，好像為他們蒙上一層神祕的面紗以後，我們就自以為理解這個文化了。

因此，這一章為大家介紹伊斯蘭信仰中，最核心的六信五功。六信是身為一個穆斯林必須堅信的六大信念，而五功則可以說是這些信念的「實作」。兩者都是瞭解伊斯蘭之前必備的基本知識！六信和五功，就是穆斯林生活的指南和圭臬，透過信念和履行義務，實踐伊斯蘭的任務。而我們透過認識六信五功，也能藉此瞭解這個文化的根本特質。

一切從什麼是「伊斯蘭」開始說起

伊斯蘭：在信仰上，對真主完全的順從。

「穆斯林」這個字，源於與伊斯蘭相同的字根，意思是「順從的人」，也就是說，伊斯蘭的信徒將自身全心全意地奉獻給真主。不過，所謂全心全意並不是當你哪一天遇到困難，或是想要發財的時候才想到要順從真主，而是在每日的分分秒秒，都必須順從真主的規範。

換句話說，伊斯蘭不只是一種信仰，而是一種全面的生活方式。

這點對於瞭解伊斯蘭文化非常重要，所以請默念三次：「信仰即生活。」

信真主

在阿拉伯語裡，ilah（إله）是神的意思，前面加上定冠詞al（ال）後，形成allah（الله），也就是唯一的「那個」真神。這是一神信仰伊斯蘭最重要的基石──相信阿拉是唯一主宰，世界是祂所創造。

伊斯蘭裡，阿拉還有另外九十九個尊名，來形容真主不同的屬性與德行，包括至慈的ar-rahman(الرحمن)、仲裁的al-hukum（الحكم）、永生的al-baqi(الباقي)、領導的ar-rashid（الرشيد）等等。許多清真寺的牆面會以這九十九個名字做為裝飾，例如坐落於阿布達比的謝赫扎耶德大清真寺，就有一整面華麗的牆以這些尊名來裝飾。

除了在清真寺內，一般居家的擺飾品也常飾有這九十九個尊名，除了展現穆斯林對真主信仰的專一，也形成一種獨特的伊斯蘭裝飾藝術。

謝赫扎耶德大清真寺

在埃及購入的裝飾用莎草紙，上面飾有尊名。（攝影：哈寧）

信天使

伊斯蘭的天使，指的是阿拉與先知之間的媒介，他們沒有肉體、不分性別也無需飲食，而且沒有自由意志，是真主傳遞訊息的媒介，一般人的肉眼也看不見他們。最著名的天使，或許就是當時傳遞訊息給先知穆罕默德的加百列。古蘭經便是阿拉透過天使加百利傳遞給先知穆罕默德。而一般人無須向天使膜拜或祈禱。

〈先知穆罕默德與加百列〉艾哈邁德·穆薩作品，約西元 1330-1350 年。

信經典

信經典，顧名思義就是相信伊斯蘭經典《古蘭經》，這是所有穆斯林日常生活及倫理道德的圭臬，規定了人類直到末日審判前的生活方式。

古蘭經以阿拉伯語書寫，禮拜時穆斯林也必須以阿拉伯語朗誦。阿拉伯語不但是一種日常語言，對穆斯林來說更是傳達神諭的宗教語言。雖然古蘭經已被翻譯成各式各樣的語言，但都只能視為詮釋，而不是伊斯蘭使用的正統語言，以此便能盡量避免各種譯本間的歧義。

在約旦購入的古蘭經，附有精美木盒。（攝影：約瑟夫）

古蘭經中文譯本。（攝影：約瑟夫）

古蘭經中文譯本。（攝影：約瑟夫）

信先知

先知是阿拉在不同時期派來傳達神諭的使者，如亞當、摩西、耶穌等，而伊斯蘭的最後一位先知，就是穆罕默德。1976 年的好萊塢電影《上帝的使者》(The Message) 便講述了穆罕默德先知的故事，對於學習標準阿拉伯語及認識先知的生平，都是很值得參考的作品。

另外，必須一提的是，上述那些廣為人知的使者名字，他們的名字用阿拉伯語來唸，發音會跟我們熟知的不太一樣，不要因此誤解了喔！

信最後的審判

穆斯林相信，在死後會有一個審判，將根據今世所做的一切善惡行為，以及堅信真主與否，來決定你會進入天國或是殘酷的火獄。古蘭經裡面描繪了許多火獄的可怕場景，用來警示人們應該堅信真主，並多做善事。

先知們的
阿拉伯名字與發音

亞當
Adam
آدم
Aadam

摩西
Moses
موسى
Musa

亞伯拉罕
Abraham
إبراهيم
Ibrahim

耶穌
Jesus
عيسى
Essa

1465 年的一幅火獄微型畫，題為〈先知穆罕默德與馬立克在地獄之門會面〉。

信前定就是相信人類所有行為和善惡皆為阿拉所創造，而神的意志就展現在人類的行為和決定之中。然而，阿拉雖然既定了人類的行為，掌握事情的生成與結束，但在這當中，人類還是有自由意識與能力去判斷善惡，並做出自由選擇，不能做為作惡的逃避藉口。

六信是伊斯蘭中的六個重要信念，每個穆斯林都該將它們牢記在心，時刻惦記這六項支撐信仰的石柱。而除了這些信念，做為一個穆斯林，還必須實踐一些義務，也就是接下來要介紹的五功。

什麼是五功？

穆斯林必須將自身全心全意奉獻給真主，但該怎麼奉獻才能更接近真主的道路？五功（Arkam Al-Islam）在阿拉伯語裡，是「信仰之柱」的意思，也就是信仰最基礎、最根本的知識。我們可以將其理解為，真主要求穆斯林在現世中最重要的五樣功課。

唸指的是「唸清真言」，即「萬物非主，惟有真主，穆罕默德，為其使者」（La Ilaha Illalah, Muhammad Rasullah），代表穆斯林承認真主的獨一性。這段話在許多重要場合都需要誦讀。

لا إله إلا الله, محمد رسول الله

萬物非主，惟有真主
穆罕默德，為其使者

禮即為禮拜，這是穆斯林最基本的一項宗教職責，也是一種與真主對話的方式。每次的禮拜都必須執行不同次數的跪拜，可參照下表。

平日進行的基本五次禮拜，可在乾淨的地方完成，不一定要到清真寺；如果因為某些原因無法禮拜，之後也可以補做。但是每個禮拜五，也就是伊斯蘭的「主麻日」(al-Juma'h)，穆斯林必須前往清真寺聚拜。中東國家的週休二日通常是週五和週六，所以一到週五的中午，就會看到清真寺外車水馬龍，擠滿了準備前往清真寺做禮拜的民眾。

晨禮 al-Fajr	晌禮 al-Zuhr	晡禮 al-Asr	昏禮 al-Maghrib	宵禮 al-Isha'
破曉前	太陽剛過最高點	下午	太陽下山後	晚上
2次	4次	4次	3次	4次

每天到了禮拜時間，清真寺就會傳出洪亮的叫拜聲，提醒附近穆斯林準備禮拜。晨禮就是我們初到穆斯林國家時，清晨會被喚醒的那次。由於每個地區緯度不同，禮拜時間也會隨之變動喔！

聚拜的穆斯林。

齋

　　齋就是齋戒，每一年的伊斯蘭曆九月就是齋戒月「拉瑪丹」（Ramadan）。這三十天內，只要是健康條件許可的穆斯林，都必須在日出到日落這段期間禁食。一直要到太陽下山、昏禮叫拜聲響起後才可進食。齋戒是為了考驗穆斯林的意志力，同時也有助於身心的淨化循環。齋戒月除了禁食，也禁止口出惡言或進行不良嗜好。

　　每天晚上是齋戒月最有趣的時候，禁食一整天的大家吃完開齋飯後，電視台也會播出齋戒月特別節目，就像是我們的新春特別節目，全家藉此共享天倫之樂。而隔天晨禮叫拜聲響起之前，人們也會先起床填飽肚子，準備迎接新的一天。

齋戒月結束，迎接而來的便是開齋節，也就是穆斯林的新年。這一天，穆斯林在清真寺結束禮拜之後，便會開始享受一年中最豐盛美味的大餐，進入下個嶄新的一年。

如果大家有機會在齋戒月拜訪穆斯林國家，一定會是段非常有趣的體驗。開齋飯都非常美味，我光是在這個月就硬生生胖了三公斤！

課

課即是繳納「天課」的宗教捐。每一個成年、有能力的穆斯林，都必須繳納年所得淨額 2.5% 給伊斯蘭機構，而這筆錢通常會應用在救助貧民或是宗教事務上。

伊斯蘭十分重視公平、正義、平等、互助等社會道德。行善和施捨這類的行動，就是在實踐伊斯蘭精神。課的制度可說是社群內部的社會福利制度，透過課，人們得以共同達成伊斯蘭信仰的主要精神：幫助他人。

朝

朝指的是朝覲。只要是健康且能力許可的穆斯林，一生至少要在朝覲月前往聖城麥加朝聖一次。位於麥加的卡巴天房（Ka'ba）是每一個穆斯林畢生最希望造訪的地方。過去，前往聖城的道路崎嶇波折，因此同時也是一項測試信徒毅力及決心的考驗。

朝聖的時候，男子僅穿著兩片無縫邊的白布，搭在上身和下身；女子則需穿戴一般的頭巾，以進行一系列的朝聖儀式。全世界的穆斯林不分種族、性別、貧富，統統聚集在聖城敬拜阿拉真神，同時洗淨身心靈的汙垢，完成身為穆斯林的職責。

卡巴天房位於麥加禁寺，是一個立方體建築。

本章是伊斯蘭的入門介紹，雖然比較嚴肅，但瞭解了這些穆斯林信仰的基礎概念，或許能夠理解他們的文化思維，進而更包容他者，這也是文化多樣性最有趣的地方！

標準禮拜怎麼做？

禮拜前的準備

1 確認禮拜時間：一天五次的禮拜時間，取決於太陽的位置，也因此每個季節的禮拜時間都會改變。比如冬天的時候，太陽破曉的時間比夏天還晚，因此晨禮的時間也會隨之延後。

2 服裝儀容檢查：男女都必須蓋住自己的羞體，至於明確的羞體部位為何，因各家法學派的詮釋而不一。

3 視禮拜前的行為決定做大淨或是小淨，一般的狀況只需要做小淨即可，清洗手、口、鼻孔、胳膊、頭、足部位。如果禮拜前有行房事、或是女性正逢月事，就必須先行大淨，也就是洗澡。

4 禮拜的時候，必定是朝向麥加的方向。現代科技方便，就算人在室外，也只要拿出手機就能輕鬆找到方向。如果到穆斯林國家，也可以在旅館房間內發現印有朝拜方向的貼紙。

每一次的禮拜大概是十分鐘喔！

進行禮拜

1　表意。輕鬆站直,在內心表明
自己即將禮拜,去除雜念。

2　舉起手至雙耳旁,唸出:「Allahu
Akbar(真主至大)。」

行禮拜一定要用阿拉伯語來唸唷!

3　雙手交叉置於腰上,右手在
上,左手在下,唸禱告詞「
Du'a Istiftah」,隨後朗誦古蘭
經〈開端章〉。朗誦完後再唸
一章節,短篇即可。

再唸一次「Allahu Akbar」，
並彎曲身體，將手放在膝蓋。
接著唸：「Subhanna Rabbiyal
Adheem(歸功於偉大的神)。」

起身將雙手朝前舉起，並唸：
「Samiallah Huliman Hamidah
(真主聽見祈禱的人)。」後唸：
「Rabana Walakal Hamd(我們的
主啊！讚美全歸祢)。」

跪下，額頭、雙手、雙膝必須
及地，並唸三次：「Subhanna
Rabbiyal A'laa (歸功於全能的
阿拉)。」接著保持跪姿起身。
以上六個步驟為一拜，拜完每
個時段規定的次數後，就進入
第七步驟。

保持跪姿起身，再跪坐而下，左腳橫擺、右腳腳尖觸地；雙手置膝，右手食指指出，並唸：「At-tahiyyaatu Lillaahi wa-salaawaatu wa-tayyibaat. As-salaamu 'alayka ayyuha-Nabiyyu wa rahmatullaahi wa barakaatuhu. As-salaamu 'alayna wa 'ala 'ibaad-illaah-is-saaliheen. Ash-hadu al-aa ilaaha ill-Allaah wa ash-hadu anna Muhammadan 'abduhu wa rasooluhu（一切讚美、祝福全歸真主。先知啊！願真主賜平安、憐憫和幸福，願真主也賜我們以及他所有善良的僕人平安與安寧。我作證：萬物非主，唯有真主；我又作證：穆罕默德，是主的僕人，是主的使者。）

Allaahumma salli 'ala Muhammad, wa 'ala aali Muhammad, kama salayta 'ala Ibraaheem, wa 'ala aali Ibraaheem, innaka hameedun majeed. Allaahumma baarik 'ala Muhammad, wa 'ala aali Muhammad, kama baarakta 'ala Ibraaheem, wa 'ala aali Ibraaheem, innak hameedun majeed（真主啊！求你賜福穆罕默德及其眷屬，如你賜福亞伯拉罕及其眷屬一樣。你的確是可頌的，光榮的主。真主啊！求你賜福穆罕默德及其眷屬，如你賜福亞伯拉罕及其眷屬一樣。你的確是可頌的，光榮的主！）」

唸完後，維持前述姿勢，頭轉向右邊唸：「As-salamu alaykum wa Rahmatullahi wa Barakaatuhu（願真主賜你平安）」，然後轉向左邊再唸一次。

古蘭經的起源

古蘭經這個名稱，是來自阿拉伯語的Al-Quran（القرآن），即「朗誦、閱讀」之意。許多人習慣將此經典稱作「可蘭經」，但在阿語系的教育中，我們一概以音譯稱之為「古蘭經」，這才是較適當的譯名喔。

古蘭經最初是先知穆罕默德在山洞中靜修，受到大天使長加百列的啟示，要先知唸出啟示的內容。這些內容經後人蒐集、編撰，就成為千年來

不要再說「可蘭經」了喔！

影響了數十億、數百億人生活的古蘭經。全典共分 114 個章節，每章長短不一，並依照先知穆罕默德當時從麥加遷居至麥地那的前後時間，劃分成麥加章和麥地那章。

以下就來看看古蘭經的主要內容：

1 先知的故事　包括多位眾所皆知的先知。

也有耳熟能詳的出埃及事件

用了一整個章節

就是那個耶穌！

穆罕默德　摩西　約瑟夫　耶穌

2 至仁至慈的唯一真主　一神論！以阿拉為唯一的真主。

3 穆斯林對真主該有的服從、認識　真主為何創造世界與人？真主與人的關係為何？一切讚頌，全歸真主！

4 規範穆斯林的行為準則　從每天的禮拜次數、飲食規範、家庭制度，到內在的精神指引，穆斯林的一生都靠它！

5 教義強調信道、行善、公平　伊斯蘭是非常講究和平的信仰！不要拿少數激進分子一竿子打翻全體穆斯林了！

古蘭經究竟允不允許翻譯？其判定標準應是看當時翻譯者的目的。若翻譯是為了讓非阿拉伯母語者更加瞭解經典內容，那是允許的；但若將翻譯視為「正本」閱讀，則是絕對禁止。

也就是說，翻譯只准參考，不得取代原文。穆斯林不應該把翻譯本當作原典拜讀，頂多只是讓你進一步理解原文古蘭經的工具書。這條規範的目的，是為了避免翻譯過程中產生的歧義使人誤讀，甚至走向歧途。

所有的譯本，都會同步搭配原文唷！

讀古蘭經，沒那麼簡單！

古蘭經整合了真主降示給人類的啟示，內容包羅萬象，解答了所有穆斯林的疑問。但如果你親自拿起一本古蘭經譯本開始閱讀，就會發現這本經典實在太過生澀，令人難以理解。這主要是因為古蘭經的文字言簡意賅，若沒有一定程度的伊斯蘭背景知識和歷史概念，必然會覺得不知所以，有看沒有懂。

右頁是一個簡單的例子。古蘭經第 95 章是很簡短的一章。從這一章的字面意思來看，我們或許能瞭解，真主十分看重「善有善報、惡有惡報」的概念，但為什麼要以無花果和橄欖果盟誓呢？西奈山是哪裡？這個安寧的城市又是指哪裡？這四個詞彙都需要讀者對伊斯蘭文化有相當的認識，才讀得出經文的真義。

以無花果和橄欖果盟誓，
以西奈山盟誓，
以這個安寧的城市盟誓，
我確已把人造成具有最美的形態，
然後我使他變成最卑劣的，
但通道而且行善者，
將受不斷的報酬。
此後，你怎麼還否認報應呢？
難道真主不是最公正的判決者嗎？

وَالتِّينِ وَالزَّيْتُونِ
وَطُورِ سِينِينَ
وَهَٰذَا الْبَلَدِ الْأَمِينِ
لَقَدْ خَلَقْنَا الْإِنسَانَ فِي أَحْسَنِ تَقْوِيمٍ
ثُمَّ رَدَدْنَاهُ أَسْفَلَ سَافِلِينَ
إِلَّا الَّذِينَ آمَنُوا وَعَمِلُوا الصَّالِحَاتِ فَلَهُمْ أَجْرٌ غَيْرُ مَمْنُونٍ
فَمَا يُكَذِّبُكَ بَعْدُ بِالدِّينِ
أَلَيْسَ اللَّهُ بِأَحْكَمِ الْحَاكِمِينَ

古蘭經第 95 章解答篇

無花果和橄欖果

伊斯蘭學界對其含義，有許多解讀。有人認為它們是沙漠中維持生命的重要作物；也有人認為它們分別代指兩個關鍵地點：朱蒂山與巴勒斯坦。無論哪種說法，都彰顯了其重要性。第 95 章甚至就叫作「無花果章」呢！

西奈山

位於西奈半島南部，也就是摩西頒布十誡的地方。摩西在伊斯蘭是非常重要的一位先知。

安寧的城市

指的就是伊斯蘭聖地麥加。

古蘭經不只內容高深，就連怎麼「唸」，都大有來頭。如何用阿拉伯語正確、優美地朗誦古蘭經，是一門被稱為Tajwid（تجويد）的專門學問。經文裡每個字的唸法可能會根據音節長短或後面接續的字句而有所不同。哈寧在埃及讀書時，就遇過許多馬來西亞和印尼的穆斯林同學，專程到阿語系國家學習Tajwid的博大精深。下次經過清真寺，聽見裡頭傳出的朗朗叫拜，要知道那可都是受過專業訓練的伊瑪目（禮拜時帶領眾人的教長）朗誦出來的呢！

沒有你想像中那麼無聊的齋戒月

近年台灣對伊斯蘭的認識愈來愈多，每到齋戒月，也不時可以在新聞媒體上看到相關報導，諸如「沙烏地阿拉伯因應齋戒月，砍亞洲原油供應量」、「齋戒月報到，某飯店推出穆斯林專屬料理」等等。會不會有朝一日，我們會聽見上班族這樣子的對話：「明天是開齋節，要不要試著一起齋戒看看？」就好比我們很看重聖誕節，視其為一年當中的重大節慶一樣，即便大部分台灣人都不是基督徒。

一般人的普遍印象中，可能會認為齋戒月是不能吃東西的日子。對於民以食為天的我們來說，不免感到有些無聊沉悶。事實上不然，齋戒月可說是穆斯林一年當中最喜愛的節慶，熱鬧歡騰的程度猶如華人過新年。

齋戒月的熱銷單品──掛型夜燈（Ramadan kareem），
許多商家和住家都會在門前掛上這種燈來慶祝齋戒月。

齋戒月即是Ramadan(رمضان)，是伊斯蘭曆的第九個月。在整整一個月裡，穆斯林必須在晨禮至日落前的這段期間行齋戒，直到日落後昏禮的叫拜聲響起，才可以開齋。

穆斯林透過每天的齋戒，實行自律、自省，培養出忍耐、自制的美德；藉由體會飢餓的痛苦，感受食物的重要性，並感謝真主。除了禁止吃東西、喝水外，也禁止性交、抽菸、口出穢言或心有雜念。齋戒月的主要目的，就是提升個人的修養和自制力，同時透過加倍閱讀古蘭經以及禱告，讓自己更接近真主。

伊斯蘭曆在阿拉伯語裡，稱為「at-taqwīm al-hijrī」(التقويم الهجري)。有別於我們一般使用的陽曆，伊斯蘭曆是根據月亮週期來制訂的純陰曆。

基本上，伊斯蘭曆的一年比陽曆少十天左右，這就是為什麼每年齋戒月的時間會不一樣。我們生活中常用的陽曆是以耶穌誕辰那一年為元年，而伊斯蘭曆的元年則是西元622年7月16日。先知穆罕默德在這一年帶領信眾，從麥加遷徙到麥地那。這次意義重大的遷徙就是Hijrah(هجرة)。

古蘭經第10章第5節明確提到，以月亮做為立法的準則。

他曾以太陽為發光的、以月亮為光明的，並為月亮而定列宿，以便你們知道曆算。真主只依真理而創造之。他為能瞭解的民眾而解釋一切跡象。（馬堅譯本）

هُوَ الَّذِي جَعَلَ الشَّمْسَ ضِيَاءً وَالْقَمَرَ نُورًا وَقَدَّرَهُ مَنَازِلَ لِتَعْلَمُوا عَدَدَ السِّنِينَ وَالْحِسَابَ ۚ مَا خَلَقَ اللَّهُ ذَٰلِكَ إِلَّا بِالْحَقِّ ۚ يُفَصِّلُ الْآيَاتِ لِقَوْمٍ يَعْلَمُونَ

先知穆罕默德原本一直都在麥加，但隨著伊斯蘭的影響力越來越大，麥加的權位部族感受到威脅，因此開始迫害先知穆罕默德。西元 622 年，穆罕默德決定帶領穆斯林，一起遷徙到麥地那，讓那裡成為新的據點。隨後，穆罕默德也漸漸和麥地那的當地部族建立起良好關係，於是伊斯蘭得以在麥地那得到完善、良好的發展。由此可見，這場遷徙是伊斯蘭歷史的重要轉捩點。

● 麥地那
● 麥加

所以，齋戒月要吃什麼？

由於齋戒月必須禁食，導致大家對它的想像似乎充滿了各種飢餓與苦難，甚至因此以為齋戒月是個減肥的大好時機，畢竟一個月來，每個白天都不能吃東西，想不瘦都難。

但事實是，許多人在齋戒月不但沒瘦，反倒變胖許多。情況不難想像：一整天都沒吃東西，到了日落開齋，看到一盤一盤的「期間限定」美食，實在會讓人無法自拔啊！某些平常根本不會去碰的料理或飲品，在齋戒月的時候都會突然變得大受歡迎。

能在齋戒月中深受美食的誘惑，真是既諷刺又幸福的事情。就讓我們看看齋戒月美食的前三名吧！

椰棗
Tamr تمر
在中東的地位，就像華人的米飯

　　椰棗之於阿拉伯人，就像是米飯之於華人一樣。早餐吃椰棗，點心吃椰棗，宵夜也吃椰棗。在聖訓中也有提到，先知穆罕默德就是拿椰棗做為開齋的食物，所以齋戒月也就自然而然成為全民瘋椰棗的時期。

　　椰棗含有豐富的纖維和營養成分，在饑餓狀態下，吃一粒椰棗就像是喝下一罐蠻牛。所以齋戒月時，人們經過了一整天的禁食後，等到叫拜聲響起的那一剎那，通常就會馬上吃下一顆飽滿的椰棗。

根據聖學學者阿布達烏德，先知說：「若你身邊有椰棗，就以之開齋，若你身邊沒有椰棗，就以純淨的水開齋。」

黃金甜餃
Qatayef قطايف
齋戒月獨家甜點

　　Qatayef 是齋戒月的期間限定甜點，我們稱它為黃金甜餃。這是一種油炸的甜點，外面以麵粉包裹，裡面包滿起司跟開心果，裝盤後再淋上甜到不行的糖漿。天啊，簡直是中東少女心中的夢幻甜品！齋戒月期間，全民都會陷入一陣 Qatayef 熱潮。約旦市就有一家連鎖甜點店「愛人」（Habibah），在齋戒月時天天高朋滿座，店家甚至還會在路旁另開一個小亭子，直接用大鍋煮起甜點，大群大群的路人就拿著免洗碗盤，直接站在路邊狂吃猛嗑。

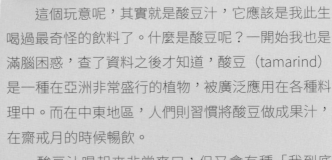

金枝玉露
Tamr Hindi
تمر هندی

酸甜中帶點
苦澀的忘情水

　　這個玩意呢，其實就是酸豆汁，它應該是我此生喝過最奇怪的飲料了。什麼是酸豆呢？一開始我也是滿腦困惑，查了資料之後才知道，酸豆（tamarind）是一種在亞洲非常盛行的植物，被廣泛應用在各種料理中。而在中東地區，人們則習慣將酸豆做成果汁，在齋戒月的時候暢飲。

　　酸豆汁喝起來非常爽口，但又會有種「我到底在喝什麼東西？」的感覺，口味介於酸與甜之間，又帶有一點回甘帶勁的苦澀。雖然是甜品，卻很解渴，不會造成口腔黏膩。更重要的是，每喝完一口，都會覺得明明沒有很好喝，卻又不可自拔地再飲下一口。這麼一杯飲料，竟充斥著種種困惑、驚喜、喜悅、苦澀，簡直比忘情水還要虐心。

酸豆的廬山真面目

熱鬧歡騰的開齋節

　　經歷了一個月的齋戒，最終迎來的就是開齋節（Eid al-Fitr عيد الفطر）了。雖然開齋節當天還是要齋戒，但最後一天的氣氛明顯不同，穆斯林都非常熱絡、有元氣，家家戶戶在黃昏前就著手準備各種美食，準備迎接開齋的那一刻。

　　等到太陽西沉，喚拜聲響起，這時的街道宛如空城，因為每位穆斯林都在家裡進行禮拜，完成之後才能進食。約莫十五分鐘後，每戶人家紛紛端出最自豪的料理——葡萄葉包飯、

羊肉飯、地中海沙拉、阿拉伯經典甜點 Kunagah……，甚至還有人直接拿到街上享用，並邀請路過的行人一同享受開齋的感動。

飽餐一頓稍作休息之後，接下來就可以準備外出享樂。開齋節的夜晚，夜生活特別熱鬧豐富，街道往往擠得水洩不通。就算出門沒有什麼特別計畫也無妨，大家也很享受跟朋友單純地喝喝茶、抽抽水菸、打屁聊天。

在一整個月的齋戒過程中，穆斯林得以更加堅持自己的信仰，證明自己能在現世的種種誘惑下，仍保持心靈堅定，同時也能切身感受每日無飽食的困苦生活，將心比心、幫助他人。也因此，對穆斯林來說，開齋節的意義並不只是終於可以吃飯這麼簡單而已，更是一個充滿信仰、幸福和平的盛大節慶。

賈瑪清真寺的開齋節盛況（攝影：Jama Maszid Panorama）

穆斯林怎麼吃？
清真食品是什麼？

　　所謂的「清真」，就是阿拉伯語的Halal(حلال)，意指「合法、認可的」。而清真食品就是透過合法、認可的程序所製作出來的食物。

　　因此，要注意的是，清真指的是處理食材的方法和程序，並不是某個食品本身就叫做清真食品。此外，也不是食物裡面不含酒精及豬肉就能稱為清真食品。禁止食用豬肉與飲酒，的確是穆斯林飲食的一環，但清真的意義遠大於這個禁令。

清真雞肉捲

雞肉香飯

清真規範的宰殺程序

伊斯蘭飲食對於肉品有許多嚴格的要求，針對動物的宰殺方式也有諸多規範。我們先來看看古蘭經中針對宰殺的規範。

古蘭經第 6 章第 118 節：

فَكُلُوا مِمَّا ذُكِرَ اسْمُ اللَّهِ عَلَيْهِ إِن كُنتُم بِآيَاتِهِ مُؤْمِنِينَ

如果你們確信真主的蹟象，那麼，你們應當吃
那誦真主之名而宰的。（馬堅譯本）

乾果

烤羊排

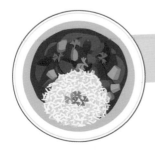

番茄燉飯

從前述經文中，我們可以得知，進入穆斯林口中的
食物，必須誦念真主之名，獲得神的允許。屠者在宰
殺前，必須口念「奉真主之名」（b-ismi-llāhir-raḥmāni
r-raḥīmi），為的是表達對造物主的感激，以及向真主
取得許可。宰殺時，必須使用鋒利的刀具，一刀割斷動
物的喉管。

　　古蘭經第6章第145節也明確提到，「流出的血液」
是不潔的，穆斯林應當避免食用。因此，在切斷動物的
喉管後，還須確認牠的神經系統未受破壞，避免動物在
放血前就死亡。直到動物完整放血過後，整個宰殺過程
才算告一段落。

阿拉伯豆醬

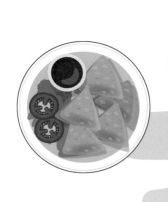

印度咖哩餃

香煎雞肉

古蘭經第 6 章第 145 節：

قُل لَّا أَجِدُ فِي مَا أُوحِيَ إِلَيَّ مُحَرَّمًا عَلَىٰ طَاعِمٍ يَطْعَمُهُ إِلَّا أَن يَكُونَ مَيْتَةً
أَوْ دَمًا مَّسْفُوحًا أَوْ لَحْمَ خِنزِيرٍ فَإِنَّهُ رِجْسٌ أَوْ فِسْقًا أُهِلَّ لِغَيْرِ اللَّهِ بِهِ فَمَنِ
اضْطُرَّ غَيْرَ بَاغٍ وَلَا عَادٍ فَإِنَّ رَبَّكَ غَفُورٌ رَّحِيمٌ

你說：「在我所受的啟示裡，我不能發現任何人所不得吃的
食物；除非是自死物，或流出的血液，或豬肉——因為它們
確是不潔的——或是誦非真主之名而宰的犯罪物。」凡為勢
所迫，非出自願，且不過分的人，（雖吃禁物，毫無罪過），
因為你的主確是至赦的，確是至慈的。（馬堅譯本）

清真食品在台灣

　　現在台灣有許多飯店、餐廳或是食品廠商，開始積
極申請清真認證，為的就是提供穆斯林更多的選擇。不
可否認，清真食品的確為食材規範和身體健康訂下一個
高規格的要求。這個新興概念也漸漸受到非穆斯林的青
睞，開始食用清真食品，為的就是要吃得安心，避免更
多的化學添加物進入身體裡。

體驗阿拉伯
風情與文化

在開羅旅遊，
姐都坐計程車！

阿拉伯世界的旅遊禁忌，
萬萬不可不知！

來中東就要抽水菸啊，
不然要幹嘛？

阿拉伯的音樂與電影，
報給你知！

開羅的計程車費用低廉，簡直像搭公車，但跟計程車司機的攻防戰，可是一大學問！

在國外旅遊時，難免會為了省點錢，而在各種交通工具間轉運。如果是獨自旅行倒還好，就當作給自己一個放鬆漫遊的機會。但如果是三人以上，還要這樣舟車勞頓，很容易就心煩意亂，畢竟不是每個人花錢出國，都願意搭上幾小時的大眾交通工具。也許大部分人更期待的，是把我放到目的地，能拍個美照放 IG 就好啦！

這種時候，計程車就是非常好用的交通工具。在開羅旅遊期間，搭計程車對我來說就像是搭公車一樣，費用低到我以為跳表器算錯價格。花個幾兩銀子、眼睛瞇一下，可能順便在車上寫首詩，抒發旅行的孤意，然後就到目的地了。

雖然開羅的計程車價格低廉，但也不忘要付出其他的代價，就是要花上更多心力與司機「交流」。當你與計程車司機眼神對到的那一瞬間，這場戰役就開始了。沒有人是局外人。這一章就是要跟大家分享，如何在埃及享受小黃的便利，又能明哲保身。

開羅的計程車多為白色，比起台灣，可以看到比較多復古的車種。

慎選計程車，不當冤大頭

機場篇

　　首先你必須挑選一輛價格合理的計程車。以開羅來說，如果事前就有聯絡旅行社，一出機場你就會看到他們笑容可掬地迎接你。但如果你形單影隻，滿臉寫著觀光客三個大字，那就要小心了。計程車司機鐵定看中你第一次來埃及的傻，立刻主動搭訕，一邊噓寒問暖，問你要不要坐車，一邊開出驚人的 200 埃磅價格（行情價約五折有找）。此時，要趕緊收起倦容，露出非常堅定的眼神，直接對半砍價。

　　這樣的砍價對話拉拉扯扯下來，通常會進行五分鐘之久。最大原則在於，我們要事先知道機場計程車的合理行情，並在心中設定一個可以接受的範圍。一番周旋下來，如果司機願意降價到你的範圍內，就可以上車。如果司機依舊漫天喊價，就果斷捨棄他，尋找下一位司機吧。

機場計程車的合理行情通常是 60-80 埃磅。
（約台幣 120 元左右）

市區篇

到了開羅市區之後，對打算在各大景點移動的旅人來說，要在開羅這種車比人還多的都市招到計程車絕非難事，通常是一招十停。開羅的計程車是白色，而且近年來車況有越來越好的趨勢，通常也有跳表器。

記住最重要的一個原則：上車前先問司機是不是跳表計價。以阿拉伯語問就是「Bi metre?」（就是英文的 By meter）。這麼做的原因在於，傍

開羅計程車的跳表器。

晚或早上的繁忙時段，有些司機會用喊價來計算，或是跳表之外再加收十埃磅，以補償他們在尖峰時刻受的委屈。第一次到埃及的人，根本不知道 A 點到 B 點的合理行情，所以跳表計價是最保險的方式。

以上講的都是開羅，其他城市又不一樣囉！

亞歷山卓

開羅

我曾住過的埃及第二大城亞歷山卓，計程車是黃色，

而且車子彷彿都是從八〇年代開到現在的舊款，當然也不會有跳表器。

所以最好的辦法，就是在上車前先跟司機喊好價。可供參考的起跳價是 7 埃磅，之後每公里 2 埃磅；短距離 4 公里左右的車資為 10 到 15 埃磅不等。總而言之，事先達成協議，避免進一步的紛爭才是上上策。

這幅畫作如實描繪了開羅市區的繁忙交通。

開羅夜景。

阿拉伯小黃司機，讓我成為可歌可泣的聊天博士

在阿拉伯世界搭計程車，是個觀察社會局勢和探究民意的大好時機。加上我們一臉外國人長相，當地人很容易掏心掏肺、侃侃而談。有時我真的好累，不想動腦筋說阿語，就隨便回一些敷衍他們的話，但他們總有辦法順水推舟，接到下一個話題。以下是司機愛聊的主題排行榜 TOP 3：

政治

司機真的非常愛聊政治，當初我在埃及的時候，正值埃及革命過後，穆斯林兄弟會好不容易上台，卻又再度被軍事強人、現任埃及總統塞西取代。塞西的民意十分兩極，有些年輕人簡直恨他入骨，但也有許多平民老百姓如計程車司機，非常推崇他的鐵腕作風。司機很愛一邊聽政論節目，一邊跟你聊聊當今埃及時政的看法。

有時候，司機也會跟你大肆抱怨政治人物，說他們把埃及搞得多麼糟糕，然後開始追憶起革命前安定美好的舊時光等等。總之，政治議題絕對榮登計程車司機最愛聊的話題榜首！

宗教

跟政治話題不相上下的絕對就是宗教議題。沒錯，埃及司機就是專挑這些最敏感、最不該聊的議題跟你聊！埃及是穆斯林占多數的國家，伊斯蘭對他們來說是生活的準則圭臬，而他們也非常熱中於把這門宗教「介紹」給外國人，為的就是希望你也能一起體悟伊斯蘭的博大精深。

台灣大不同

在台灣，宗教是比較私人，或甚至陌生的話題，因為人們比較不在乎彼此的宗教信仰。但對多數穆斯林來說，沒有宗教信仰是一件非常奇怪，甚至嚴重的事情，有時還會因此引發激烈的爭辯呢！

像我這種以和為貴的人，當然希望你吃你的綠豆糕，我看我的棋盤就好，所以不如就利用這個機會，讓我們用更接地氣的方式，進一步瞭解不同宗教信仰之間的文化差異！

家庭祕辛

正如前面提到的，計程車司機真的會因為我們是外國人，突然開始掏心掏肺。我就遇過司機直接從口袋拿出他的全家福，跟你一個個詳細介紹：他有三個女兒，分別叫什麼名字，在哪裡念書，什麼時候結婚，甚至是嫁給什麼職業的人，全部都要跟你分享，就好像你也可以跟他一起感受天倫之樂似的。

還記得有一次，有個司機說他年輕時來過台灣工作，而且還會說一點中文。我當時心想：「哇！這緣分要修多少個百年！」他說，後來因為經濟不景氣，只好打包回埃及開計程車。他分享了自己有五個小孩要撫養，雖然辛苦，仍然很開心能跟家人在一起。甚至還說，希望有一天再帶家人來台灣玩。當下真的好感動。

不過，時至今日，我發現實在有太多埃及人跟我說他們到過台灣，或是有台灣朋友。但說法總是千篇一律，而且一問三不知。我也漸漸體悟到，也許這一切只是為了讓彼此聊天更親近的幌子吧，而我的聊天功力也的確進展神速。

在大眾運輸不發達的阿拉伯國家旅遊，搭乘計程車可說是許多人的首選。在計程車上，與這輩子可能再也不會見到的司機暢聊三十分鐘，談天過程或許熱情溫暖，也或許以激烈爭執收場。但無論如何，都是難得的一面之緣。

許多人一聽到要在埃及、約旦等阿拉伯國家搭計程車就避之唯恐不及，其實，這件事一點也不可怕，只要在價格上堅持自己的原則，並懷抱一顆警戒但開放的心，那麼這段搭車之旅絕對可以讓你體驗一場最真實的庶民文化！

小教室
千萬要注意的旅遊潛規則

到阿拉伯世界旅遊，大家可能會很害怕誤觸當地的禁忌。其實阿拉伯世界的禁忌並沒有那麼可怕。掌握以下幾點，就能在阿拉伯世界自在旅遊喔！

1 性別分野分明

在阿拉伯世界，男性與女性之間的壁壘非常分明。異性間請不要勾搭，或是身體上的接觸，即便只是拍照搭肩，都會被認為非常不妥。

2 穿著須得體

伊斯蘭規範，人們必須遮蔽羞體，儘管不同地區對羞體的認定和規範也有些許差異，但最保險的方法就是穿著長褲，上衣則是請女性盡量著長袖。另外，頭巾不是必備，這點大家可以放心！

不要想得太浪漫

　　阿拉伯社群裡，人與人之間的關係宛如兄弟姐妹，不像我們的相處模式有清楚界線。所以，當地人熱情地找你聊天時，要記得這只是正常的互動，不用過度反應，也不用太天真浪漫，以為自己遇到了真命天子／女喔！

不用太客氣

　　許多阿拉伯店家，就是看到亞洲人太客氣、不會拒絕的習慣，便把許多亞洲遊客當成肥羊在宰。只要想想，大家彼此都是兄弟姐妹，談話可以直來直往，絕對不用不好意思拒絕！

內行人的開羅咖啡廳之旅

開羅的咖啡廳，可是我大力推薦的私房行程唷！

開羅的咖啡廳保留了許多二十世紀早期的美好滋味。舉例來說，在台灣很難看到半開放式的咖啡廳，椅子從店裡擺到人行道，供客人隨意入座。若早上前往咖啡廳，還可以看到一些穿著阿拉伯袍的阿伯，正坐在店裡看報紙；室內放著埃及音樂教母烏姆・庫勒蘇姆的經典老歌，自然而然就帶有一種往昔美好的氛圍。

這裡的咖啡廳，每個人點的都很簡單，不是咖啡、紅茶，就是果汁。阿伯們來咖啡廳並不是為了飽餐一頓，而是單粹與朋友聊聊天，一邊抽著水菸，一邊漫談最近的政治亂象。當然，你也不會看到一群人低頭滑手機的光景。

在露天座位隨意入座，三三兩兩抽著水菸聊天，是開羅咖啡廳最常見的在地風情。

 ## 找到一間咖啡廳坐下吧！

　　當你走在開羅的街上尋覓著景點，卻意外看到了一間氣氛閒散的咖啡廳，外面正坐著一群人，或是抽著水菸，或是喝著果汁、聊著天，看來愜意極了。那麼，你何不也當一天開羅居民，體驗最在地的休閒活動呢？

　　進到咖啡廳坐下後，侍者熟悉地遞上一份菜單，你看了一眼，心裡只覺得慌，因為上面寫的都是阿拉伯語，總不能千里迢迢來到埃及還點珍珠奶茶吧。但埃及人的飲料又是什麼呢？

　　其實，在埃及點飲料是很容易的事情，因為可供選擇的品項並不多，這背後最主要的原因就是清真食品的規範。店裡最常見、最多元的飲料就是果汁，舉凡芒果、香蕉、柳橙、哈密瓜、甘蔗、蘋果等基本款應有盡有。埃及果汁的調味不複雜，頂多另外加入牛奶，變成奶昔。不過，埃及人非常嗜甜，許多果汁都會再加入果醬一起打，口味真的甜到令人招架不住。

如果不想喝果汁,剩下的選擇就是咖啡或紅茶了。埃及咖啡跟台灣很不一樣,採用的是土耳其咖啡的泡法,咖啡粉磨得非常細小,幾乎跟沙子一樣。一杯喝完之後,還會發現底部殘有濃稠的渣液,好像熱巧克力一樣,這些可都是咖啡渣,千萬不要吃下肚了!

至於紅茶也是另一個奇觀。侍者端過來時,只不過小小一杯,簡簡單單的紅茶包就泡在熱水裡,通常還會附上一片新鮮薄荷葉。茶本身喝起來恬淡、無糖,頂多帶點清新的薄荷味,不禁讓人懷疑,這是不是某種前衛的「極簡」喝法?如果你偷瞄一下旁邊同樣點了紅茶的老伯,就會看到他取上大約五湯匙的糖,倒入那只杯口比湯匙還小的茶杯。這時才驚覺,無糖紅茶根本是個幌子,糖才是這杯飲料的靈魂啊!

既然都來到開羅了,如果只是坐在咖啡廳喝果汁,就有點可惜了。看著隔壁阿伯一邊看報,一邊吞雲吐霧,我們自然也要體驗一次才算道地。沒抽過水菸的人可能會一頭霧水,心想這個像水一樣沒味道的菸有什麼好抽的?又何必那麼大管?事實上,水菸的香氣很特別,而且有多種口味可供選擇,最常見的就是各種水

果香氣,除了蘋果、香蕉之外,也有比較「華麗」的口味,如櫻桃、葡萄、奇異果等。

對沒吸過菸的人來說,第一次抽水菸可能會嗆個半死,吐出來的煙也跟空氣一樣無色無味,製造不出魔幻的煙霧繚繞效果。所以建議初嘗水菸的你,如果想拍上幾張美照,只要手握著水菸管就好。

完美結束咖啡廳體驗之旅

　　當飲料喝完，水菸抽到暈暈然，朋友之間的聊天話題也乾涸了，接下來勢必就要準備結帳。在這裡，結帳也有一套特別動作，十分簡單，只要跟著做，看起來就會很內行喔！

> 舉起右手，
> 向服務生做出
> 在空中寫字的動作。

　　服務生看到後，馬上就會把帳單送到你手中。這場咖啡廳之旅也可以在此畫下美好的句點。

　　開羅的咖啡廳通常裝潢簡單，甚至可以說有點陽春；各店之間的菜單也大同小異，不會有什麼獨家祕方。然而，就是在這種單純的地方，我們或許才能找到來咖啡廳的初衷，不一定是為了滑手機、工作、讀書，而是純粹發發呆、看看報紙，或是跟朋友聊一些無關緊要的生活瑣事。有時候，這樣的反璞歸真也是一種美好呢。

開羅咖啡廳必備的水菸管（hookah）

59

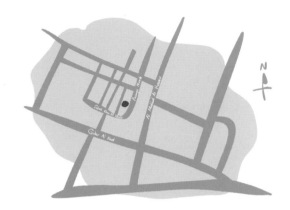

老派咖啡
之必要

El Fishawy Cafe

地址：El-Fishawi; El-Fishawi Alley; Khan al-Khalili

　　位於侯賽因清真寺附近的 El Fishawy Cafe 已有超過百年歷史，這裡的裝潢與擺飾皆保存了埃及黃金時代的光景。一進到店內，彷彿也走進了《阿拉伯的勞倫斯》拍攝場景，店裡的吊燈是法國殖民時期遺留下來的凡爾賽風，拱門的顏色設計卻是黑白相隔，中東風味十足。西方與中東元素的歷史融合，可說是這間店的最大特色。

（攝影：Francesco Gasparetti）

(攝影：Roland Unger)

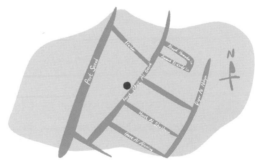

博物館的
好鄰居

Café Riche
地址：17 Haret Wesst Al Balad, Al Waili Al Kabir Gharb, Hadaeq Al Qubbah

　　有別於 El Fishawy 的浮華味，Café Riche 則是散發著濃濃的沉穩氣息。這間同樣知名的咖啡廳就在埃及博物館附近，如果來到開羅，花了一整個上午參觀博物館，那麼 Café Riche 就非常適合當作下一站。你可以在這個大城市裡，稍微鬧中取靜、好好休息一下。

超重要的用餐禮儀！

　　阿拉伯人非常好客，好客到你會怕。這可不是開玩笑。來到中東，常常會遇到當地人邀請你去他家作客，這在台灣幾乎是不可能發生的，就算真發生了，你的反應可能也是趕快報警。不過，阿拉伯人絕大多數不會抱持惡意，他們的確就是想要好好歡迎你。

　　如果真的大膽答應，拜訪了阿拉伯人家，切記，還是要避免一些失禮舉動，尤其我們許多習以為常、甚至是禮貌性的舉止，在那邊可能就不小心觸犯了禁忌呢！

 應當空腹前往，因為阿拉伯人喜歡「大量」款待客人，總是會擺滿整桌筵席讓你享用。如果你吃沒兩口就說吃不下，對主人而言可是失禮萬分！

乙 當主人邀請你吃某道菜時，請大方直接享用，可不要以禮貌、客氣為由婉拒了，也不要說：「沒關係，你先吃。」這對主人來說，都是你不喜歡這道菜的意思。記住，阿拉伯人的相處都是直來直往。

3 飯桌上請使用你的右手，因為左手被認為是不潔的。

4 注意你赴宴的衣著打扮，最好遮蔽你的手臂以及雙腿，這是最安全、最禮貌的做法。

5 阿拉伯人的餐桌上，有非常明確的性別分野，同性別者必須坐在一起。上菜前，男性也不要因為好心想幫忙，就跑去女性正在料理的廚房，請務必待在飯廳與男主人聊天。

中東傳統樂器三天王

許多人問我，中東音樂有什麼特色？跟我們一般聽到的流行音樂有什麼不同呢？為什麼中東音樂常常聽起來有種說不出來的奇怪感。我左思右想，覺得最大的不同，應該就是他們使用的樂器吧。

中東的許多傳統樂器，其音色和我們常聽見的西方主流樂器不同。再加上中東音樂不採用十二平均律，而是使用大量的半音，甚至會有半音中的半音，也就是所謂的微分音。這種特別的音律，使得中東傳統音樂聽起來格外突出，令人耳目一新，這就是為什麼我們會覺得這些音樂聽起來有種說不出的奇怪感。

本章為大家介紹三種在中東常見的樂器。除了傳統音樂，即便是當代流行音樂中，也可以常常聽見這些樂器的使用喔。

烏德琴有中東樂器大王的稱號，許多中東撥弦樂器都是從它延伸、變形而來。烏德琴的名字Oud在阿拉伯語中，是「樹枝、有香氣的木頭、一塊木頭」的意思。烏德琴的歷史眾說紛紜，不過許多學者認為，烏德琴應是由波斯樂器barbat（بربط）演變出來的。

烏德琴的製作相當繁複，琴身看起來像是一個大梨子，約莫由 16 到 20 片的薄木板所製成。過去工匠會採用胡桃木、松木、欅木、楓木、柏木等不同種類的木頭來製作，也因此，烏德琴的重量有時候差距頗大，音色也會因為材質不同而有所改變。

西元第 8 世紀，阿拉伯伍麥亞朝政權將勢力延伸到今日西班牙南部的安達魯西亞地區，而烏德琴就在這個時候傳入歐洲。日後，又有十字軍東征，東西文化互相流通，烏德琴在歐洲也越來越流行，甚至成為魯特琴的前身。

它的音色悅耳且明顯，不管是搭配管弦樂隊，或是 solo 彈奏都各有風味。烏德琴不像吉他一樣有琴格，因此彈奏上難度更高，但也因此，有許多特別的顫音和滑音很適合以烏德琴來表現；現代烏德琴多半有 11 條弦，其中 10 條是成對的雙弦，再加上一條最下面的琴弦。

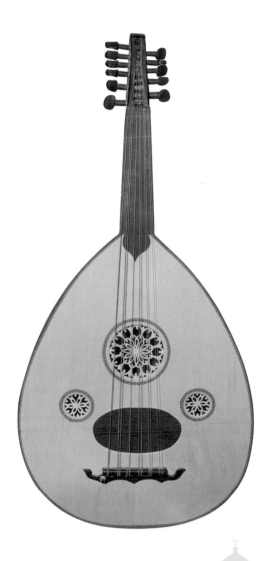

Qanun 在阿拉伯語是「法律、規範」的意思，英文的「Canon」就是延伸自這個字，指「法則、準則」。Qanun 也是常見的中東傳統樂器，稱為卡努琴。其外型呈梯形狀，彈奏方式類似中國古箏。大約在 12 世紀時，卡努琴傳進歐洲，經過改良之後，成為薩泰里琴和齊特琴的前身。

卡努琴的琴弦數量因地區而有所差異，最常見的是 78 條弦，每三條一組，共 26 組。在彈奏的時候，演奏者會將卡努琴放在膝蓋或桌上，以食指戴上用來撥弦的撥子，靈活地在各琴弦間奏出跳躍的音符。

卡努琴的音色也有點類似古箏，聽起來十分清亮脆耳，在輕快的曲子中特別能帶來活潑生動的氛圍；而在節奏比較慢、或是悲傷的音樂中，其連綿的音色也能有效延續歌曲傳遞出的情感。

卡努琴有如古箏，左側數個排列縝密的小金屬片，還能微調來改變音調，所以音色十分豐富。

中東之笛：奈伊笛 Nay (ناي)

奈伊笛是一種用蘆莖做成的笛子，通常有九段節，其正面有六個洞，背面還有一個洞是給大拇指按的。演奏奈伊笛最特別之處在於，演奏者必須使用一種稱為「輕雙唇擦音」的技巧來吹奏，透過上下兩片嘴唇搭配，以傾斜的方式來吹出樂音。

奈伊笛的音色聽起來非常有靈性，類似中國的簫。另外，有別於常見的直笛，由於奈伊笛是斜吹樂器，其音色相較之下不那麼宏亮，很適合用來當作連續劇的反派或隱藏人物現身時的背景音樂，或是用來營造神祕或悲情的氣氛。

跟烏德琴和卡努琴一樣，奈伊笛也常常加入交響樂隊的伴奏，成為畫龍點睛的元素。但比起合奏，我更喜歡聆聽奈伊笛的獨奏。憂鬱低沉的奈伊笛，時而顫動、時而拉長的演奏，非常適合一個人沉思時靜靜地聽，總是能讓我感到放鬆，心情也隨之平和下來。

奈伊笛還有各種尺寸，能表演出更廣的音階。

這裡介紹的三種樂器，都是中東傳統音樂常用的元素。由於它們的音色都非常特別，在歌曲中非常突出，很容易就能聽出來，這就是為什麼我們聽到中東國家的音樂，會產生一種異國情調的感覺。不過這並不代表它們「奇怪」，只不過是不同地區的人們，習慣聆聽、使用各種不同樂器，進而也內化了不一樣的視聽感受罷了。說不定中東人民聽到古箏和簫，也會有種無以名狀的不協調感呢。

阿拉伯流行音樂小史

在這個音樂無國界的時代，有人哈日本 J-POP、哈韓國 K-POP、哈歐美，甚至哈印度，大家都有自己心中擁護的潮流之國。

不過此生中，我還真的沒遇過有人說自己「哈阿」。也許是阿拉伯世界的流行音樂對大家來說，實在太過遙遠與陌生，而且取得管道也困難，實在是讓人哈不起來。

阿拉伯世界幅員廣大，每個國家都各有歷史悠久的音樂發展過程，不過由於語言共通，許多經典的流行歌曲都可以在各國樂迷間流通。

隨著時代演變，各國流行樂壇也紛紛發展出自己的特色。本章就跟著哈寧一起來認識阿拉伯音樂吧！

阿公阿嬤的流行音樂（1920～1960）

自 19 世紀末到 20 世紀中期，以埃及為主的整個阿拉伯世界，開始大量出產唱片和歌手，並透過電影、收音機的傳播與記錄，留下許多經典歌曲和集體回憶。這個流行文化大爆發的現象在 1950 到 1960 年代達到高峰，可說是阿拉伯流行音樂的黃金年代。其中，最具代表性的明星就是音樂教母烏姆・庫勒蘇姆（Umm Kulthum），以及影視雙棲天王阿卜杜勒・哈里姆・哈菲茲（Abdel Halim Hafez）。

當時的歌曲大多以談情說愛為主題，描寫著大愛大恨、害怕失去、愛錯了人、相愛卻因禮俗不能在一起等現在看來十分老套的情歌。但這就好像過去曾流行一整個世代的瓊瑤一樣，在那樣的純真年代，這種套路似乎更合乎人們的口味。

不過，在那個年代，聽音樂是有錢人才享受得起的高雅活動，加上黑膠唱片和播放設備十分昂貴，通常只有菁英階級才負擔得起。像庫勒蘇姆這種重量級歌手，每週都會固定在開羅市中心的音樂廳表演，只有富家少爺、少奶奶才有機會身著華服，親身聆聽歌手和交響樂手的表演。至於其他窮人，就只能三五好友擠在小小的收音機前，湊合著收聽她的音樂。

阿卜杜勒・哈里姆・哈菲茲
（1929 ～ 1977）
阿拉伯史上最著名的歌手之一，
唱片銷售量總計超過 8000 萬張。

重量級的庫勒蘇姆，擁有華人圈的鄧麗君般的地位，
她長遠的影響力，會在後面的小教室跟大家深入介紹。

1960 年代中期以後，阿拉伯世界越來越紛擾，石油危機、以巴衝突、以黎衝突接連爆發，許多國家也陷入內戰與獨立革命的動亂。過去那種主打談情說愛的音樂盛世已經過去，這個時代的流行音樂，必須扮演人民困頓生活中的調劑品。

錄音帶的發明也大大壓低了聽音樂和錄音樂的成本，從鄉村來到都市叢林求生存的市井小民，也漸漸負擔得起這種相對廉價的娛樂。從此，阿拉伯世界的各個大街小巷隨處都可見到賣盜版錄音帶的小販，流行音樂的風潮也因此蔓延得更快、更猛。

Ahmed Adaweya

艾哈邁德・阿達維亞

1945 年生於埃及中部明亞省，是沙埃比音樂的奠基人，也曾演出數部埃及電影。原本在餐廳擔任服務生的他，從 70 年代開始表演，歌曲融入大量埃及方言和雙關語，尤其深受勞工階層的喜愛。

埃及街頭音樂
沙埃比 Sha'abi

在 1970 年代初期，一種叫做沙埃比的新興樂風在埃及流行了起來。Sha'abi 在阿拉伯語的意思是「通俗、大眾、流行」，這種樂風透過方言傳唱，並融入中東傳統樂器、西洋樂器、舞蹈曲風，迅速走紅於埃及全國。從街頭、餐廳，到婚禮、節慶，幾乎到哪兒都聽得見沙埃比。

在沙埃比出現以前，幾乎所有阿拉伯歌曲的主題都跟愛情有關。沙埃比時常描寫市井小民的生活百態，唱出各種甘苦心聲，並透過通俗的語言，讓人們不斷聆聽、傳唱，不但提供了情歌以外的音樂選擇，更能好好宣洩對社會的不滿，因此在藍領階級特別受到歡迎。

有沙埃比教父之稱的艾哈邁德·阿達維亞（Ahmed Adaweya），就是最先以歌曲來批判時政的沙埃比歌手。他最引人入勝的特點便是那充滿感染力的表演方式，以及獨樹一格的長音演唱方式（阿拉伯語叫做 Mawaal）。

他時常用隱晦的方式來表達對時勢的意見。例如名曲〈願哈珊的母親快好起來〉（Salametha Om Hasan），歌詞訴說哈珊的媽媽受到「妒忌之眼」的詛咒生了重病，她試圖透過民俗療法來治療，卻徒勞無功。這首歌發行的年代，正值 1967 年第三次中東戰爭，埃及被以色列徹底打敗，全國籠罩著一股哀痛氣氛，歌曲裡的哈珊媽媽指的就是遭受重擊的埃及，而可憐的哈珊就是為國家賣命打仗的埃及士兵。

阿爾及利亞的拉伊狂潮 Raï

幾乎在同一時間，北非另一頭的阿爾及利亞，也誕生了一種名為拉伊的曲風，在年輕人圈子大為流行。拉伊取材自阿爾及利亞傳統歌謠，大概從1920年開始發展。至50年代中期，一些自稱 Sheikh 或 Sheikha（阿拉伯語的長者、女長者）的人嘗試加入大量的現代音樂和西洋樂器元素，如爵士鼓、薩克斯風、喇叭等，融合成為這種獨特的新曲風。Raï 在阿拉伯語是「意見」的意思，顧名思義，拉伊就是一種說出自己意見的歌曲。歌詞內容時常描寫年輕人對社會、政治的批判與控訴，或者對享樂主義的嚮往等主題。

1986 年在法國舉辦的拉伊音樂祭，許多音樂人都到場響應。由左至右為查柏·馬密（Cheb Mami）、哈立德（Khalid）、查柏·哈密德（Cheb Hamid）、查柏·沙赫拉維（Cheb Sahraoui）。

到了 80 年代，拉伊已經發展十分成熟，老一輩的拉伊歌手多已退休，新一代的則更加大膽，轉而取材搖滾、雷鬼、放克等元素，並佐以阿爾及利亞民謠。這些新人多半自稱為 Cheb、Cheba，在阿拉伯語就是「年輕人」的意思。

由於拉伊歌曲相對前衛，表演方式及歌詞也十分開放，與當時阿爾及利亞社會風氣多有牴觸，尤其在一些保守宗教團體眼中，這些音樂人更是恨不得除掉的眼中釘。事實上，的確有許多拉伊歌手在這段期間遭到暗殺，而僥倖逃過一劫的歌手多半流亡法國，其中最有名的如哈立德、查柏·馬密等人，他們最後留在歐洲，繼續將拉伊的反叛精神發揚光大。

哥哥姐姐的流行音樂（1990 ～ 現在）

隨著全球網路、社群媒體、數位音樂興起，娛樂傳播也變得更容易、更普及。在阿拉伯世界，流行音樂當然也得跟上潮流，用更豐富的形式，持續創新、發展。

A-Pop 來襲

90 年代以降的阿拉伯流行音樂，由於商業大廠羅塔納（Rotana）的操作，其大規模的行銷模式，不但捧紅多位歌手，也正式宣告了 Arab Pop 的降臨。這些流行歌手所演唱的內容再次以愛情為主打，MV 也多是拍攝談情說愛的男男女女。

不過，這年代的談情說愛，再也不是庫勒蘇姆時代的保守風格，唱法也不再含蓄；相反的，許多流行歌手都是以大膽的演出風格而聲名大噪，例如黎巴嫩的南希·阿吉萊姆（Nancy Ajram）以及海法·瓦哈比（Haifa Wehbe），都是 A-Pop 的天后級人物。

南希‧阿吉萊姆
Nancy Ajram

南希是阿拉伯世界的超級巨星,她在15歲時推出了第一張專輯,便一舉成功。她是可口可樂在阿拉伯世界的首位代言人,也是唯一的女性代言人,可見其地位之高。(攝影:Diana Farroukh)

阿拉伯之春與阿拉伯嘻哈

　　2010年起,阿拉伯之春的抗議浪潮在中東各國蔓延,背後最大原因在於年輕人對極權政府、社會不公、宗教壓抑等現況的不滿,這些憤怒一口氣在這場浪潮中爆發開來。年輕人積鬱已久的怒氣,便透過各式各樣的音樂創作在各大社群媒體快速流通。其中,嘻哈音樂可說是大黑馬,竟意外地大為盛行。

　　在阿拉伯之春的起源地突尼西亞,嘻哈歌手「將軍」(El Général)用一首〈國家總統〉(Rais Lebled)道盡了突尼西亞人民對於政府、政治和社會的種種不滿。這首歌在網路瘋傳,觸及了數不清的人們,很快便成為當地茉莉花革命的地下國歌。

雖然A-Pop已經非常普及,但是在相對保守的阿拉伯世界,仍有許多人視這種流行音樂為不恰當、「不合法」(阿拉伯語稱為Haram)。

後來，阿拉伯之春蔓延至鄰國埃及，埃及原本就是藝文輸出大國，人民自然而然開始運用不同的藝術形式，批判不合理的現狀。在成千上萬個臉書流傳的嘻哈音樂，就如同解放廣場周圍四處可見的抗議塗鴉一樣，都是革命運動遍地開花的成果。阿拉伯騎士（Arabian Knightz）、拉米·唐哲萬（Ramy Donjewan）、沙迪亞·曼蘇爾（Shadia Mansour）等歌手充滿力量的歌曲、歌詞，將人民團結起來，甚至可以說是「1·25 革命」的幕後推手。

Ramy Essam

1·25 革命即 2011 年埃及革命的別稱。因這場大規模運動始於 1 月 25 日。

拉米·艾森

拉米是 2011 年的 1.25 革命中，最知名的代表歌手，那時他 28 歲。他最受歡迎的歌曲〈滾開〉甚至被稱為革命的國歌。但知名度也帶來代價，他因此被逮捕、刑求。直到 2014 年他定居北歐後，才終於能再次自由創作，並為埃及的性平議題發聲。

在埃及革命期間非常出名的音樂人拉米·艾森（Ramy Essam）

流行音樂其實是跟一般民眾連結最深的文化，其歌詞內容、樂曲風格，以及歌曲的表演方式、裝扮等等，都可以反映出當下社會的風氣，而在後人眼裡，流行音樂則是一種保存歷史的方式。

阿拉伯流行音樂的豐富度並不亞於任何一個文化，對阿拉伯文化有興趣的人，只要聆聽他們的音樂就行，這是最簡單、也最親民的方法。雖然一開始聽會因為曲調跟我們熟悉的西洋、華語歌曲大相徑庭，而覺得很不習慣、難以融入；然而一旦試著去瞭解歌曲和歌手的背景，很快就會被阿歌的魔力給吸引，說不定你就會成為下一個哈阿族！

阿拉伯的鄧麗君─
烏姆・庫勒蘇姆

在埃及留學時，有許多時刻是在咖啡廳裡度過。有一次，店裡傳來某位女士悠揚的歌聲，光是一首歌似乎就播了一個多小時。我心裡納悶是哪個歌手可以一首歌唱這麼久，丹田力量還這麼足。晚上坐計程車回家，司機似乎也著迷於聽阿拉伯老歌，我發現聲音跟剛剛聽到的那位女歌手一模一樣。

後來，我才知道，這位歌手就是阿拉伯世界鼎鼎大名的烏姆・庫勒蘇姆（Umm Kulthum, 1904-1975），在這裡無人不知無人不曉。即使她已經逝世超過四十年，還是可以在各地的餐廳、水菸館、路邊攤聽見她的歌聲。

烏姆・庫勒蘇姆究竟是誰，能讓阿拉伯人如此瘋狂？我們可以把她在阿拉伯世界的地位，想成是鄧麗君之於華人世界。就算是年輕一代的少男少女，即使不見得常常聽她的歌，也一定知道這號人物。

1904 年，庫勒蘇姆出生於尼羅河畔一個平凡無奇的小鎮，她的父親在當地擔任清真寺教長。像許多歌手一樣，庫勒蘇姆從小就展現異於常人的歌唱實力，所以她父親當時就會帶她到當地各類宗教場合、婚禮或有錢人家家裡唱歌，賺取薄酬。在當時保守的年代，庫勒蘇姆的父親甚至得把她打扮成男生，才能帶著她到處巡演。

隨著庫勒蘇姆的地方名氣越來越大，她們家便在 1920 年代初期搬到開羅，專心發展其歌唱事業。庫勒蘇姆與唱片公司和電台合作，

定期在每週四晚上（埃及的假日是星期五、六，週四相當於週末夜）在電台唱歌，並播送到全阿拉伯世界，成為當時整個阿拉伯最具代表性的歌聲。

1940 年代是庫勒蘇姆歌唱事業的黃金期，她每個月都會在開羅音樂廳舉辦例行演唱會，在當時，這可是每個月裡頭最重要的大事。庫勒蘇姆有許多歌曲取材自阿拉伯古典詩歌，也因此，文學和藝術這種原本被視為菁英文化的領域，也透過庫勒蘇姆渾厚的嗓音被帶到不同階級人家的耳中。她的歌聲就成了打破階級藩籬的象徵之一。

庫勒蘇姆巨大的影響力甚至還蔓延到了政治圈。身為當時最有名的歌手，政商名流都希望與她打好關係，因為她只要一句話，就可能對社會大眾產生影響力。她不但與埃及皇室有密切來往，時常受邀私人演出，後來還跟埃及總統納瑟保持著友好關係。當時，政論宣導多是透過收音機發送，而納瑟的政論演說就常常緊接在庫勒蘇姆演唱會之後播送（也就是尖峰時刻），收聽人數也因此大增。

庫勒蘇姆的愛國情感也表現在她的歌曲中。例如她在蘇伊士運河危機時期（1956 年）演唱的一曲〈我的武器，好久不見〉（Walla Zaman Ya Selahy），更成為埃及 1960 至 1979 年間的埃及國歌。除此之外，庫勒蘇姆也擔任多年政府藝術部門的主席。

從二戰結束、經濟大蕭條，一直到 1952 年的埃及革命，她的歌曲主題從原本的流行情歌，漸漸轉變成帶有濃厚愛國主義的情懷。1967 年，埃及與以色列在六日戰爭中戰敗，中東地區瀰漫一股低迷氛圍，庫勒蘇姆有感而發，便舉辦起整個阿拉伯世界的巡演，這項壯舉撫慰了無數阿拉伯人，她也因此被稱為「埃及之聲」、「東方之星」（Kawkabal-Sharq）。我們可以說，烏姆‧庫勒蘇姆的樂風轉變過程，本身就可視為一部埃及大事記。

到了晚年，庫勒蘇姆因視力惡化，常常得戴著墨鏡表演，沒想到這反而成為她最具代表性的形象。如果往後你在阿拉伯相關的網站、海報、明信片等處，看見一個戴墨鏡、梳包包頭的女人，記住，那絕對就是烏姆‧庫勒蘇姆。

1895 年，法國盧米埃兄弟在咖啡廳地下室播放《工廠下班》、《火車進站》幾部短片，引起轟然雷動，電影這項發明於是進入了人類的歷史。幾個月後，這幾部短片也先後來到埃及首都開羅、第二大城亞歷山卓、阿爾及利亞首都阿爾及爾，以及摩洛哥等地放映。從此，電影正式踏進阿拉伯世界，開啟了一段豐富、悠久的電影史。

奧古斯特與路易·盧米埃兄弟

19 世紀末期，阿拉伯各國仍受英、法等西方國家殖民，電影這個嶄新的媒體得以在早期就透過殖民者進入阿拉伯世界。

在殖民時期，阿拉伯世界的電影產業與這些歐洲移民有相當緊密的關聯，當時的電影多由歐洲人投資，於阿拉伯國家取景，並由阿拉伯演員演出。盧米埃兄弟便曾在埃及、摩洛哥等地拍攝一系列電影，就連愛迪生也曾涉足耶路撒冷拍片。

這麼多的阿拉伯國家中，包括突尼西亞、黎巴嫩、敘利亞等國，都先後出產過零星影片；然而，自電影降臨阿拉伯的那一刻起，一直到今天，埃及始終都是阿拉伯世界的電影重鎮。背後的主因在於，埃及從 1922 年便脫離英國殖民，在經濟、政治等各個方面，比其他國家更早自主，產業發展也能更早投入，這當中就包含了電影產業。

穆罕默德‧貝祐明（Muhammad Bayyumi）被視為埃及電影先驅，他生於 1894 年，在 1920 年代初期前往德國學習攝影和導演技巧，並於 1923 年返回埃及，成立阿蒙電影工作室（Studio Amon Films）。阿蒙除了是埃及第一家本土電影工作室，也是發行第一部埃及新聞片的製片廠。貝祐明製作的新聞片記錄了埃及當時的重要大事，如 1923 年的《薩德‧扎格盧勒返國》便拍下這位民族英雄返國後，開羅街頭熱烈歡迎的畫面，這一幕於是成了精采的歷史註記。

誰是薩德‧扎格盧勒

薩德‧扎格盧勒（Saad Zaghloul, 1859-1927），埃及抗英運動領導人，創立民族主義政黨華夫黨，積極推動自治，因此遭英國政府驅逐出境，此事促成了 1919 年埃及革命。1923 年扎格盧勒返國後，華夫黨便贏得隔年大選，他也成為埃及首相。

同年，貝祐明開始製作一部默劇短片《巴爾孫找工作》(Barsoum Looks for Jobs)，這部短片描述兩個好朋友，一個是科普特基督徒，一個是穆斯林，兩人一起爭取某間銀行職缺的故事。最後，他們倆雙雙失敗，流落街頭。故事的拍攝手法雖然逗趣，卻也表現出貝祐明對埃及社會問題如失業、貧富差距的關懷。此外，貝祐明更大膽安排身為穆斯林的演員飾演基督徒，基督徒演員則飾演穆斯林，這更展現了他對埃及多元宗教融合的期許。

這部總長只有十五分鐘左右的默劇，經典地位不但在於它是第一部由埃及人導演、撰寫、製作的純正埃及片，更在於其表現手法十分新穎，讓人驚喜，因此成了埃及電影史的里程碑。

1932 年，貝祐明在亞歷山卓成立埃及電影協會，目的是培育更多埃及電影人才。此外，電影協會也身兼製片公司，貝祐明在協會金援下，發行了兩部更成熟的長片。之後，他的興趣也漸漸從拍片，轉為改良電影設備技術。

貝祐明的作品雖然不多，但他在電影技術和內容方面的突破，對後來的埃及電影人有著無可取代的影響力。面對當時仍受西方殖民剝削的社會，貝祐明運用電影重振埃及文化，鏡頭下那個正從過去蛻變到現代的埃及影像，也成了前無古人的歷史瑰寶。

《巴爾孫找工作》電影片段。

埃及電影發展快速，還有一個重要原因，即錄音技術的進步。1930年代中期，由埃及銀行 (Bank Misr) 所贊助的埃及電影工作室 (Studio Misr)，便是因為錄音的進展而開始大量出產有聲電影。

在這一波潮流之下，音樂劇順勢成為最熱門的電影類型，自 1930 至 1960 期間，約有三分之一的埃及電影都是歌舞劇。除了有聲有色的唱歌跳舞博得觀眾滿堂彩，還讓許多本來就小有名氣的歌手，因演出電影而將演藝事業推向另一個巔峰。

1933 年上映的《白玫瑰》（Al Wardah Al-Baida）是第一部銷售至國外的埃及歌舞片，導演邀請了當時的一線歌星穆罕默德·阿卜杜勒·瓦哈卜（Mohammed Abdel-Wahhab）領銜主演。瓦哈卜除了擅長將西方樂器融入阿拉伯傳統音樂，也是第一個將通常長達二十分鐘以上的阿拉伯歌曲壓縮到六分鐘電影配樂的歌星。這部經典電影不但榮登當年票房冠軍，也正式開啟了埃及歌舞片的全盛時代。

《白玫瑰》電影海報

埃及第一部有聲電影《心之歌》（Unshudat al-Fuad），由義大利導演馬力歐·沃勒沛執導，全片在埃及拍攝，在巴黎完成配音工程，於 1932 年上映。

多虧歌舞片的暢銷以及收音機的普及，許多歌手和瓦哈卜一樣成了當時的超級巨星，如烏姆‧庫勒蘇姆、勒伊拉‧莫拉德（Leila Murad）、阿卜杜勒‧哈里姆‧哈菲茲等人，都是在此時開始為電影獻聲，並透過廣播傳送到整個阿拉伯世界。他們的巨星地位對許多老埃及人來說，是一段無法取代的集體記憶。

這時期的埃及電影幾乎都是為了迎合觀眾胃口而拍，當時在電影圈便流傳一句名言：「大眾就是想要這些（al gumhurayizkidda）。」除了觀眾愛看的歌舞劇以外，還有鬧劇、情境劇、黑幫劇等各種類型電影也頗受觀眾喜愛。

鬧劇和情境劇就好比台灣以前的歌廳秀，充滿胡鬧的笑料和歡樂。故事中會安排一些必要的曲折，再加入愛情故事的浪漫元素，但無論如何，演到最後一定是以喜劇收場。至於其他類型如歷史劇、藝術電影、科幻電影，則因為不容易迎合大眾口味，而少見於埃及電影。

埃及電影的黃金年代

1940 至 1960 年代是埃及電影的黃金時期，許多經典電影都是出自這個期間。尤其，1952 年的埃及革命成功以後，全國上下瀰漫著一股濃烈的民族主義氛圍，上有納瑟政權推行「泛阿拉伯主義」，下則有人民渴望政治和經濟獨立。因此，反映了社會現況、並讓觀眾感同身受的寫實主義電影在這個期間大受歡迎。

寫實主義電影多與埃及社會有緊密關聯，不同於歌舞劇或情境劇多半演著與真實人生脫節的劇情，寫實主

1952 年埃及革命：由納瑟將軍率領的民主革命，最終成功推翻法魯克王朝，成立了現在的埃及共和國。因發生於七月，也稱七月革命。

義電影描述了窮人的掙扎、殖民時期的壓迫，或是不同社會階級間的衝突。

這時期，埃及的電影產業已經十分成熟，當時國內已有十五間的本土電影工作室，一年產出的電影多達六十至七十部；許多導演更搭上寫實

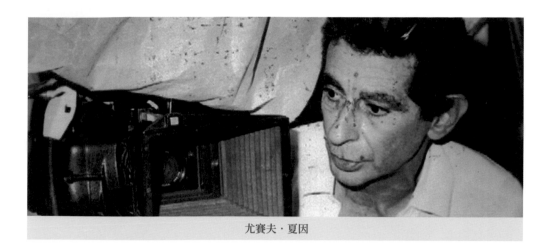
尤賽夫・夏因

主義浪潮，在此期間發表了許多經典作品。

其中，最為人知的埃及導演就是尤賽夫・夏因（Youssef Chahine）。1926年，夏因出生於埃及第二大城亞歷山卓，年輕時，他成功說服父母讓他赴好萊塢學習演戲。回到埃及後，夏因便全心投入電影產業，並把重心放在導演工作。

1958年的《開羅車站》（Bab el hadid）是他最廣為人知、也最重要的作品，還入圍了第31屆奧斯卡最佳外語片。夏因在本片自導自演，飾演一名行動不便的開羅車站報紙小販齊納威，他迷戀上同樣在車站違法兜售飲料的女小販哈奴瑪，卻不知她早已和一位忙於成立工會的車伕阿布薩伊夫訂了婚；隨著劇情推演，齊納威的迷戀也漸漸失去了控制。

夏因全片在開羅車站取景，用寫實的鏡頭呈現出普羅大眾的生活場景，內容則大膽討論了性壓抑、階級壓迫等社會題材，今日看來仍不嫌老套，歷久彌新。也因此，本片一直以來都被視為埃及寫實主義浪潮的經典作品，而夏因則成了埃及電影史不可忽略的一位大師。

這個時期的埃及，儼然成為尼羅河上的好萊塢，透過電影的傳播，埃及流行文化成為阿拉伯世界的主流，而埃及方言也一點一滴滲透進周圍的阿拉伯國家。因此，即便阿拉伯世界各地都有屬於自己的方言，摩洛哥和突尼西亞等國的方言甚至與其他地區大相逕庭；但到頭來，透過電影的力量，阿拉伯幾乎人人都聽得懂埃及方言了。

阿拉伯的
歷史與政治

神力女超人為什麼
會在黎巴嫩禁播？

順尼派與什葉派彼此有
著什麼樣的深仇大恨？

試著談一點
恐怖主義吧！

阿拉伯之春怎麼跟
流行文化扯上關係？

當神力女超人遇上以黎衝突

有人跟我說，2017 年《神力女超人》上映時，這部電影在黎巴嫩被禁播，因為主演神力女超人的蓋兒加朵是以色列人，而且根據報導，她還在 2006 年服役期間，參加過與黎巴嫩的戰爭。

這一切關黎巴嫩什麼事？有必要氣到禁播嗎？

友

當～然有！

　　如果不瞭解黎巴嫩跟以色列之間到底存在什麼深仇大恨的人，一定不能理解為何黎巴嫩會單單因為女主角是以色列人就禁播。

　　黎巴嫩的歷史就是一場大混戰，不過要解釋以黎之爭，簡直可以開一整個學期的中東歷史專題了。所以在

這一章，我們試著以淺顯易懂的時序來說明以黎兩國在過去將近七十年來，到底經歷了那些風雨，才造就今日勢不兩立的敵對關係。

1948 以色列建國

1948 年建國的以色列，成為今日中東混亂的導火線。

對中東歷史來說，1948 年是個轉捩點。第一次中東戰爭爆發，以色列建國，巴勒斯坦境內的大量阿拉伯人被驅逐出境，他們逃亡到鄰近國家，如約旦、黎巴嫩，和敘利亞，並在難民營落地生根。從此，阿拉伯人與猶太人勢不兩立。許多居住在阿拉伯國家的猶太人，也同樣被驅逐出境，逃亡到以色列，在這塊流著奶與蜜的土地上，看不見和平的種子。相反的，只有彼此憎恨的人們，而仇恨成為滋養暴力、戰爭與衝突的溫床。

1964 巴勒斯坦解放組織成立

巴勒斯坦解放組織徽章

巴勒斯坦四分五裂之後，為了對抗以色列的勢力，在各地的難民營裡發展出許多游擊團體，其中最活躍也最有名的，就是建立於 1959 年的法塔赫 (Fatah，巴勒斯坦民族解放運動)，由阿拉法特 (Yasser Arafat) 擔任領導者。

1964 年，阿拉伯國家認為有必要整合這些零碎的小組織，因此著名的巴勒斯坦解放組織 (Palestine Liberation Organization，簡稱 PLO) 也就應運而生，阿拉法特則成為了 PLO 的領導者。

哈寧拜訪位於巴勒斯坦首都拉馬拉（Ramallah）的阿拉法特陵寢，與高大帥氣的守衛合照，內心小鹿亂撞。

PLO 一開始的據點設在約旦，但隨著組織勢力日漸擴大，PLO 與約旦王室的關係也越來越緊張，最後終於爆發了戰爭，也就是所謂的「黑色九月」。黑色九月過後，PLO 的勢力大幅縮減，甚至接近崩潰邊緣，阿拉法特於是決定撤離約旦，轉而落腳黎巴嫩南部。

1978 南黎巴嫩軍事衝突

黎巴嫩原本就有許許多多的難民營，在這些艱苦、惡劣的環境下生活的巴勒斯坦難民，紛紛加入 PLO 尋求生活的重心。很快的，PLO 在黎巴嫩起死回生，重新壯大，並漸漸形成一股複雜的政治勢力。他們除了持續以武力打擊以色列，也煽動黎巴嫩穆斯林與基督徒的對立，企圖顛覆當時黎巴嫩的基督教政府。

1975 年，黎巴嫩內戰爆發，主因即是黎巴嫩國內複雜的宗教組成，以及彼此的長期對立。1978 年，PLO 武裝分子在以色列的海濱公路製造了一起恐怖攻擊，造成三十七人死亡；以色列於是決定介入黎巴嫩內戰，企圖剷除 PLO 的勢力。

1982 黎巴嫩戰爭和難民營大屠殺

1982 年，PLO 持續對以色列發動攻擊，以色列軍隊再次入侵黎巴嫩，這次 PLO 節節敗退，以色列最後得以長驅直入，從黎巴嫩南部一路將勢力延伸到首都貝魯特。聯合國在此時訂定了和平協定，表示以色列必須停止攻擊，PLO 則要撤出黎巴嫩，再度尋找新的據點。

原本以為停戰後，黎巴嫩終於能從斷垣殘壁中漸漸復原，然而，同年卻發生了史上最慘烈的大屠殺事件。PLO 撤離黎巴嫩後，貝魯特形成藩鎮割據的混亂局面，媒體報導還指出，巴勒斯坦的武裝分子仍躲藏在貝魯特郊區的難民營中。

9 月 14 日，才剛當選不滿一個月的黎巴嫩總統巴希爾‧傑馬耶勒遭暗殺身亡，他屬於馬龍教派，在黎巴嫩的政治團體叫做長槍黨，內戰時期是與以色列共同抵抗 PLO 的合作夥伴。長槍黨認為是巴勒斯坦武裝分子暗殺總統（雖然後來發現並非如此），決定與以色列軍隊聯合封鎖難民營三天，並進行大屠殺。難民營裡大多數是巴勒斯坦人和什葉派穆斯林，長槍黨和以色列透過這次屠殺，對這兩個族群進行報復，事件死亡人數不明，估計少至四百，多則三千五百人。

1985 真主黨蠢蠢欲動

真主黨黨旗

建立於 1985 年的真主黨，是成立於黎巴嫩南部的什葉派組織。那時候正值黎巴嫩內戰，伊朗則剛結束宗教革命，完完全全蛻變成一個什葉派的伊斯蘭共和國，急需向外尋找盟友，輸出革命思想。於是伊朗派遣戰士進入敘利亞和黎巴嫩交界地帶的貝

卡谷地，資助當地大量的什葉派穆斯林，提供他們武器和資金，並且成立具有嚴謹架構的真主黨。

什葉派一直是伊斯蘭世界的少數派，長期以來在政治、經濟上沒有顯著表現，生活也多受順尼派穆斯林和基督徒歧視，真主黨因而成為黎巴嫩什葉派穆斯林的唯一寄託。

真主黨的首要目標就是打擊以色列，由於紀律嚴謹、訓練周到，軍事上與以色列勢均力敵。自 PLO 撤軍黎巴嫩後，以色列的頭號敵人就變成了組織更周全的真主黨。

以色列扶植了一支由黎巴嫩人組成的軍隊，叫做南黎巴嫩軍隊。該軍隊主要由基督教馬龍派的人組成，在戰爭中成為以色列在黎巴嫩南部的代理軍隊，做為控制黎巴嫩的籌碼。這支軍隊後來敗在真主黨的手裡，真主黨也因為擊敗以色列而聲名大噪，奠定了他們在黎巴嫩政壇的地位。

從 1985 至 2000 年期間，真主黨與以色列不斷爆發零星的武力衝突；在 2006 年，終於演變成大型軍事戰爭。

2006 以黎衝突

2006 年的以黎衝突，又稱第二次黎巴嫩戰爭，也就是蓋兒加朵參與的戰爭。導火線是真主黨越界進入以色列境內，擊斃八名士兵，並俘虜兩名以色列士兵，用以威脅以色列釋放其境內囚禁的阿拉伯囚犯；以色列於是派出空軍以空襲作回報。這場衝突持續了將近一個月，造成黎巴嫩一千多人死亡，以色列四十三人死亡，最後在聯合國安理會的調停下，才結束這場慘烈的戰爭。

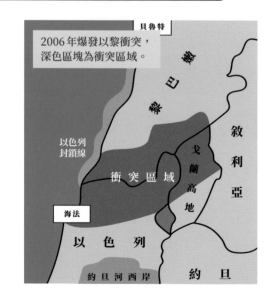

2006 年爆發以黎衝突，深色區塊為衝突區域。

貝魯特
黎巴嫩
敘利亞
以色列封鎖線
戈蘭高地
衝突區域
海法
以色列
約旦河西岸
約旦

今天的以黎邊境仍然會有零星衝突，雙方關係持續緊張，在政治、經濟、外交上，彼此勢不兩立。只要護照上有以色列的簽證章，就無法入境黎巴嫩，唯一辦法就是認命更換護照。而以色列也知道這樣的特殊情況，所以在入境以色列時，海關並不會直接把章蓋在你的護照上（除非你很衰，遇到心情不好的海關，像我就是），而是會把入境章蓋在另外一張紙上，並且再發給你一張專用通行證。這也算是一種見招拆招吧！

想必看完這章，大家心中一定吶喊：「我只是想看個《神力女超人》而已！」雖然黎巴嫩禁播《神力女超人》的新聞沸沸揚揚，但知道背後原因的人卻寥寥無幾，不知情的人說不定還以為黎巴嫩是個很機車的國家。不過換個角度想，看《神力女超人》還可以長中東歷史知識，真是寓教於樂，一箭雙鵰。

什麼？原來這些名人 都有阿拉伯血統？

蘋果之父　賈伯斯

　　什麼！蘋果之父賈伯斯也有阿拉伯血統！賈伯斯的生父是敘利亞人，不但年紀輕輕就進入貝魯特美國大學就讀，後來還成為敘利亞知名的政治分子。後來他來到美國攻讀學位，和賈伯斯的生母喬安相遇，並生下了賈伯斯。但因喬安的家庭反對她和敘利亞穆斯林交往，最後只好把賈伯斯送人領養。殊不知，這位命運坎坷的孩子竟然成了世界上最有影響力的人之一。

夏奇拉不是拉丁天后嗎？怎麼也會跟阿拉伯人扯上關係？這件事也是我上大學後才知道的冷知識。話說，每個阿語系新生入學最興奮的事情，就是可以取一個很酷很潮的阿語名字。當時，老師幫我隔壁的友人取名時，先看了看她的臉，就將她的阿語名字取為 Shakira（شاكرة）。班上同學還笑老師是不是夏奇拉的粉絲，但我當時心中只有嫉妒，想著為什麼老師不是看著我的臉想起夏奇拉，而是想到仁慈（Hanin）？

Shakira是一個常見的阿拉伯名字，拉丁天后她爸也真的是黎巴嫩人，所以才會有這麼阿的名字。而天后夏奇拉會那麼美，也再次應證黎巴嫩血統真的是沒有極限！

拉丁天后　夏奇拉

2007 年的一張《卡通人生》專輯大受歡迎，也讓米卡這個名字突然之間變得家喻戶曉。雖然他目前的知名度已略有下降，但還是受到很多人的喜愛。有一天，我無意間又聽到米卡這號人物，才動手查詢了他的生平。原來他出生於黎巴嫩的貝魯特，媽媽是黎巴嫩跟敘利亞混血，因為戰亂才舉家搬遷到歐洲。也難怪，會這麼帥氣不是沒有原因的！

卡通人生　米卡

中東、阿拉伯世界似乎常常都在戰爭，許多人也因此覺得那裡真的好亂，但大多數的人可能都不瞭解戰爭背後的歷史成因。

無論是慘絕人寰的敘利亞內戰、美國入侵後分崩離析的伊拉克，或是之前的黎巴嫩內戰等等，發生在這些國家的戰事，除了因為種種政治角力所導致，還有一項主因就是順尼與什葉派穆斯林之爭。

順尼主義以及什葉主義的爭執，不是近代才有的事件，它是一道跨越了 1300 年的裂痕。時至今日，當我們要觀測中東的國際事務走向，最重要的指標就是順尼派與什葉派的相處關係，這一點可說是決定了某地區安定與否的決定性要素。

到底什麼是順尼和什葉？順尼的阿拉伯語為 Sunni (السني)，字義來自 Sunna(السنة)，原意為「傳統」、「習慣」，也就是「根本」的意思。什葉則是Shia(الشيعة)，即「追隨者」的意思，也就是那些追隨著繼承者阿里的人們。

順尼與什葉兩個主義，彼此對伊斯蘭的詮釋及實踐方法有著巨大的差別，這就是他們互相衝突的主因。例如，什葉派當中最大宗的十二伊瑪目派認為，目前最後一位伊瑪目已經隱遁，未來將會以「救世主」的方式再次帶領人類；但對順尼派來說，根本沒有十二伊瑪目的存在，他們完全否認救世主會出現的可能，人類將來唯一會面對的，只有末世審判。

什葉與順尼的差異還包括一天禮拜的次數；順尼為五次，什葉則是三次喔！

這一切的衝突，必須要追溯到先知穆罕默德歸真後，由於他沒有留下男性子嗣，也來不及交代繼承者的指派資格，於是造成後人無止盡地為了所謂的「正統」而爭戰不休。

原本，先知穆罕默德在世時，人們認為最有可能的繼承者是他的堂弟兼女婿阿里。然而，先知驟逝後，他的追隨者卻推選年長、身為先知岳父的阿布‧巴卡爾擔任第一任繼承人。阿里的追隨者一片譁然，但因當時阿里太過年輕，也只能吞下這口氣。阿布‧巴卡爾只擔任短短兩年的第一代哈里發便離開人世。他的繼承者第二代哈里發歐瑪爾率領了穆斯林社群長達十年，後來由第三代哈里發歐斯曼接任。但是，歐斯曼卻遭到極端分子暗殺，機會終於來到了阿里身上。

阿里原本拒絕繼承，但在追隨者的支持下，他仍在西元656年被選為哈里發。雖然如此，阿里帶領的這段期間，時局卻變得更為動亂，內戰頻傳。其統治正當性主要是受當時南北兩股勢力的威脅，北部有前任哈里發歐斯曼的親屬穆阿維亞，南部則有穆罕默德的遺孀愛莎。 各方人馬劍拔弩張，隨時都要爆發衝突。

後來，阿里將首都由麥地那遷往現今伊拉克中南部的庫法，打算藉此緩和局勢，然而內戰無法這麼簡單就平息。

最後一根稻草——卡爾巴拉戰役

西元 661 年，阿里在庫法清真寺禱告時遭到暗殺，原本就勢力龐大的穆阿維亞立刻竄起，掌握了哈里發國，並以大馬士革為首都，建立伊斯蘭世界的第一個世襲朝代——伍麥亞朝。

卡爾巴拉戰役地圖

關於誰才是正統繼承者的紛爭，演變成一場腥風血雨。阿里的小兒子胡笙親自率領一小支軍隊，準備要討伐穆阿維亞政權，以報殺父之仇。這場征戰就是著名的卡爾巴拉戰役。

胡笙率領的軍隊人數稀少，不敵穆阿維亞之子雅季德統治的大軍。儘管如此，胡笙與他的追隨者仍然戰到最後一刻，直至全軍覆沒，以身殉道。戰後，胡笙的首級被砍下帶回大馬士革，意謂兩派再無和解餘地。

這場戰役對什葉穆斯林來說，不但是身分認同的重要象徵，也解釋了今日兵戎相見背後，根深柢固的歷史淵源。

什葉的「阿舒拉節」

阿舒拉節（Ashura）是什葉穆斯林最重要的節日之一，每到伊斯蘭曆一月的第十天，近兩百萬的什葉穆斯林會聚集在卡爾巴拉，一同紀念胡笙的死。他們會不斷拍打自己，直至鮮血直流，用這樣的方式來重現、紀念當年胡笙與追隨者的壯烈犧牲。

直到今天也解不了的結

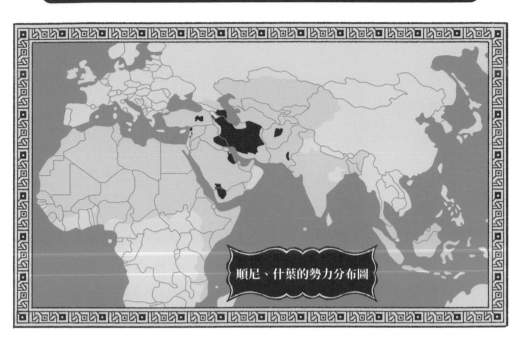

順尼、什葉的勢力分布圖

🔘 順尼派　⚫ 什葉派

1300 年的歷史洪流裡，什葉派一直都是伊斯蘭世界的少數，也經常受到排擠與壓迫。就算到了今天，什葉派仍然式微，只在伊朗、伊拉克及巴林等少數國家內為主流，但綜觀整個穆斯林世界，什葉派的比例只有 10% 到 15% 而已。

甚至，就算是在伊拉克這樣什葉穆斯林占多數的國家，從前掌握大權的海珊竟也是順尼派。這種由少數教派統治多數的狀況，本身就容易釀成衝突。就像我們一直提醒讀者的：「伊斯蘭即生活。」伊斯蘭不僅是穆斯林對自己存在的認同，更是他們的生命全部。伊斯蘭也因此是穆斯林國家安定的重要基柱，一旦這根基柱遭到質疑、不滿，國家便容易走向集權和動盪。況且，伊拉克、伊朗等國所面臨的狀況更為複雜，除了教派之爭以外，還摻入了各國角力、地緣政治、外力結盟等議題，在在使得這場千年戰爭往更混亂的局勢發展。

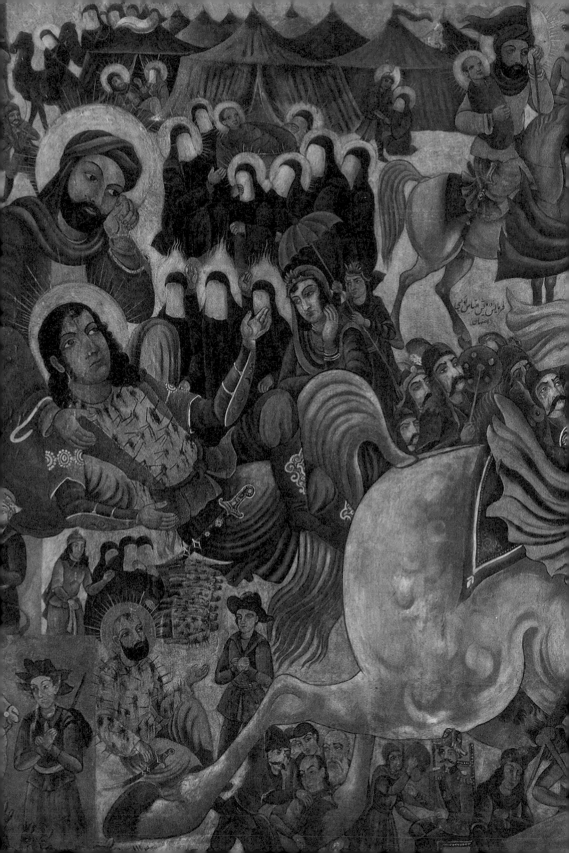

〈卡爾巴拉戰役〉。作者：阿巴斯・穆薩維（Abbas Al-Musavi），現收藏於布魯克林博物館。

不要再說我是恐怖主義！

2001 年 9 月 11 日，兩架民航機撞上紐約世貿中心，造就 21 世紀以來最大規模的恐怖事件。這幅驚悚畫面，相信許多人還歷歷在目。當時我還只是個小學生，這一幕在電視上從早到晚全力放送，也為多數人心中的「恐怖主義」與「恐怖分子」下了不容質疑的定義。

然而，事過境遷十幾年，恐怖主義不但沒有隨著 911 事件逝去，反而在今天成為越來越熱議的話題。各方媒體充斥著許多若有似無、似乎純心販賣恐懼的說詞，卻始終無法讓人理出頭緒。

到底恐怖主義是怎麼一回事？我們必須知道，恐怖主義不只存在於某些伊斯蘭組織，歷史上還有很多其他種類的恐怖組織。況且，也只有極少數的伊斯蘭極端分子才會投身恐怖主義，千萬不要一竿子打翻整船人，或是對穆斯林抱持這樣的偏見。然而，極端分子又是運用什麼手段拉攏了那麼多同夥呢？

紐約世貿中心原址每年 9 月 11 日會朝天空投射兩道光柱，以紀念這起恐怖攻擊。
（攝影：Sean Pavone）

 ## 恐怖主義＝伊斯蘭？

多數人一聽到「恐怖主義等於伊斯蘭」這樣的說法，可能會先基於「政治正確」的考量想要否認，但仔細想想後，似乎又會覺得不知道該怎麼否認才好。事實上，也許是因為 911 實在太驚心動魄，也離我們「太近」，導致我們忽略了，在 911 以前，恐怖攻擊就已經以各種形式、在各個地方屢見不鮮。

恐怖攻擊本身也是一種政治事件，在一些後進國家的近代史中，不乏由極權政府發起、針對異議者的大規模鎮壓攻擊，如南美洲的前軍政府、柬埔寨的赤柬等，這些軍事組織其實也被歸類為恐怖組織。

其次，也有基於民族主義而發起的恐怖攻擊，如巴勒斯坦解放組織（PLO）、北愛爾蘭共和軍（IRA）、巴斯克祖國與自由黨（ETA）等，這些都是某一群體為了捍衛自身的主體性和民族性，而組織、發動的恐怖行為。

還有一種恐怖主義是以宗教為基本原則，若是組織規模大，還常常會發展成國際恐怖組織，例如近年來較為知名的蓋達組織（al-Qa'ida）、伊斯蘭國（ISIS）等。這類組織多半在全球各地進行有組織的恐怖行動。而我們最常聽見、印象最深的恐怖主義就屬於該類。這些恐怖分子十分懂得博取媒體版面，他們多半拿著古蘭經和印有阿拉伯語的旗幟，攻擊對象也幾乎都是西方民主大國，進而在人們心中塑造了一種「恐怖主義等於伊斯蘭」的負面印象。然而，這些伊斯蘭極端分子並不代表穆斯林的全貌。他們的訴求不外乎是想透過大眾媒體，向全世界散播恐懼，展現他們反抗西方霸權的決心，以及強大的武裝實力。

恐怖主義的基本類型

1. 極權政府發動的鎮壓屠殺
   （南美洲、赤東）
2. 民族主義的恐怖主義
   （PLO、IRA、ETA）
3. 宗教恐怖主義
   （蓋達、伊斯蘭國）

為什麼有人要去當恐怖分子？

伊斯蘭恐怖組織為了吸引成員，往往會祭出一些好處。例如阿富汗的塔利班成功說服許多貧窮家庭，讓他們把孩子送到塔利班學校，並提供少許經濟補助。伊斯蘭國則是擅長煽動穆斯林中的邊緣人，讓那些長期缺乏歸屬感的人加入，為他們重拾信心，成為眾人口中的「英雄」，最後甚至願意為組織捨命。

恐怖攻擊＝聖戰？

許多伊斯蘭極端主義恐怖分子會宣稱他們的作為是所謂的「聖戰」，是光榮真主的必要行為。然而，這樣子就能將恐怖攻擊合理化嗎？

我們必須先認識何為聖戰。聖戰在阿拉伯語裡叫作Jihad（جهاد），這個字的意思其實跟「戰爭」（Harb）沒有關係；相反的，Jihad是「努

力」、「奮鬥」的意思，是很正向、積極的一個字。

事實上，聖戰的概念並不只限於伊斯蘭，無論是基督教、天主教，或是其他薩滿宗教，都有聖戰的觀念。而聖戰的最初意義，就是「神」自己發動的戰爭，其目的是為了考驗信徒對神的信仰和忠誠。人們其實是「為神而戰」，比誰信仰的神比較屬害，而非為了自身的權力、領土大小、錢財等目的。

Jihad的概念在古蘭經並沒有太多的記載，前前後後只出現32次。而提到這個字時，多半會伴隨「為了真主」（في سبيل الله）這麼一句話。也就是說，Jihad是為真主、而非為自身的利益和權力而戰。因此，Jihad是一項神聖的任務，發起時不但要有正當理由，還必須由宗教領袖批准。

但是，雖然講得好聽是為了真主而戰，但說到底，殺人放火就是不對，恐怖分子難道說自己是為了真主就可以為所欲為？

當然不行，就因為古蘭經對Jihad記載不多，其概念以及該如何執行，都是相對模糊不清的。在這樣的狀況下，伊斯蘭就必須參考聖訓，也就是從先知生前的言行記錄來尋找解答。

聖戰 Jihad 其實是努力、奮鬥，很廣義的正向意思，甚至是針對自我內在的提升。

穆罕默德對一群剛打仗回來的穆斯林說：「我們剛從小 Jihad 回來，現在要進入大 Jihad 了。」
這群穆斯林問：「什麼是大 Jihad ？」
穆罕默德說：「也就是自我內在的 Jihad。」

قدمتم خير و قدمتم من الجهاد الصغير و هو الجهاد العدو المباين, إلى الجهاد الأكبر و هو جهاد العدو الخالط قالوا و ما الجهاد الأكبر قال مجاهدة العبر هواه فهي أعظم الجهاد وأكبر لأن قتال الكفار فرض كفاية والجهاد النفس فرض عين على كل مكلف في كل وقت

前頁的經文，是著名的《塔夏拉夫聖訓》中，一段針對聖戰的記載。我們可以看到，Jihad 並未與殺戮、戰爭有直接關聯，反而是強調內省、內斂，呼籲穆斯林應該要用心去改變自己的生活，以及突破心理的障礙，如此才是真正高尚的「大 Jihad」。簡言之，聖戰的本意，是希望穆斯林能藉由反省、紀律、努力，讓自身成為一個更好的人。

> 被進攻者，已獲得反抗的許可，因為他們是受壓迫的。真主對於援助他們，確是全能的。（馬堅譯本）
>
> 古蘭經第 22 章 39 節記載：
> أُذِنَ لِلَّذِينَ يُقَاتَلُونَ بِأَنَّهُمْ ظُلِمُوا وَإِنَّ اللَّهَ عَلَى نَصْرِهِمْ لَقَدِيرٌ

而在古蘭經第 22 章 39 節中提到，只有那些受壓迫的人們，才被允許使用武力自衛戰鬥。在伊斯蘭草創時期，阿拉伯半島的穆斯林遭到嚴重迫害，許多部落都想將他們趕盡殺絕，因此古蘭經才有關於這些事件的記載。但而值得注意的是，這段經文裡反而沒有出現 Jihad 一詞。

 ## 從「聖」變成「戰」

然而，越是模糊的概念，越容易產生後人的加油添醋。今日的恐怖組織打著「聖戰」口號，喊著為阿拉而戰，他們當然也引用了古蘭經文和聖訓來為自己增添正當性。然而，他們有意無意忽略經文脈絡和歷史背景，斷章取義地解讀，反倒成了我們眼中避之唯恐不及的「聖戰」。聖戰變成恐怖組織為自己謀取政治權力、財富的手段，而其真正內涵再也不為眾人所知、推崇。

無論是 Jihad 或是其他思想、理念，都可能隨著時空背景而變得不合時宜，或喪失其真正意涵。要如何與時俱進，又同時保留這些思想的核心概念，而不走向恐怖主義這種極端，我想，這是不管有沒有宗教信仰的每個人，都應該一起思索的課題。

蓋達組織？
伊斯蘭國？
傻傻分不清楚？

蓋達組織旗幟

伊斯蘭國旗幟

　　現存的極端伊斯蘭恐怖組織非常多，但總有幾個名聲特別響亮，例如 911 後聲名大噪的蓋達組織、以阿富汗為據點的塔利班、近年最知名的伊斯蘭國，與奈及利亞的博科聖地等。

　　其中，蓋達組織和伊斯蘭國是大眾最耳熟能詳的恐怖組織。事實上，這兩個組織之間也有重大關聯。伊斯蘭國的開山始祖札卡維（Abu Musab al-Zarqawi）過去就是蓋達組織成員，後來甚至成為前蓋達組織首領賓拉登的得力助手。

　　後來，兩人的理念日漸迥異，如果說蓋達組織的首要目標是要打倒邪惡美帝，那麼札卡維就有個更遠大的夢，便是建立一個美好的順尼派哈里發政權。打著這樣的旗幟，札卡維漸漸累積了一些追隨者，為日後的伊斯蘭國鋪下基礎。

　　伊斯蘭國並沒有一個確切的成立時間，如果把創辦人還是蓋達組織小分部的那段時間也算進去，那可以回推至 2004 年左右。然而，伊斯蘭國真正在國際上博得版面，大概是從 2011 年敘利亞內戰爆發後開始。也是到這個時候，我們才開始注意到伊斯蘭國這個組織，也才對其暴行有了更多認識。

你聽過 ISIS 嗎？伊斯蘭國行銷術大破解

惡名昭彰的伊斯蘭國（ISIS）為什麼能在短短幾年內快速擴張勢力，吸引大批聖戰士加入，進而對國際局勢造成影響？雖然目前這個組織的力量已不像剛開始那麼巨大，但他們迅速崛起的現象仍值得我們關注。事實上，ISIS 之所以能夠快速、有效地壯大自身，很大程度上要歸因於他們強大的行銷功力。

事實上，各個恐怖組織彼此的競爭十分激烈，每個組織都想吸引到最忠心、甘願拋頭顱灑熱血的成員。因此，要如何將自己的理念讓人看見，甚至願意獻出性命，便成了每個組織的重要課題之一。

我完全反對 ISIS 的所作所為，並且與他們毫無瓜葛。但不可否認的是，他們能在短時間內崛起，將理念散播到全世界，甚至成功「洗腦」眾多成員加入，背後其實花費了許多心力在經營行銷。除了透過 Twitter、Facebook、Youtube 等我們天天在滑的社群媒體之外，還發行大量的電子雜誌、報紙，甚至製作駭人聽聞的宣傳影片，多管齊下，只為將他們的理念大量散播出去。而他們也的確做到了，世界各地的「聖戰士」趨之若鶩，紛紛成為這個組織的一員。

這裡就來為各位介紹 ISIS 的行銷兩大招。

ISIS 善用各種方法與媒介來包裝、傳播他們的思想，例如 Twitter、Facebook 這種更迭快速的社群媒體，就很適合用來病毒式地散播新聞及訊息。此外，他們也非常清楚如何用雜誌來建立所謂的「目標族群」。

事實上，從 ISIS 創立以來，發行的雜誌多如牛毛，包括土耳其文的《Konstantiniyye》、俄文《Istok》、法文《Dar al-Islam》，以及多國語言的《達比克》（DABIQ）等等。其中，《達比克》是他們連載最久，也最具代表性的一份雜誌，從 2014 年創刊至 2016 年停刊為止，共發行了十五期。

《達比克》透過長篇文章、成員專訪、血腥圖片等各種單元，有條有理地向全世界的讀者闡述他們的思想，進而說服、洗腦。這些雜誌都是在網路上以 PDF 檔案發行，也就是說，只要上網隨便 google 一下，就可以輕鬆取得每一期的完整內容。

《達比克》這個刊名取自敘利亞北部一個靠近阿勒坡的小鎮，ISIS 在 2016 年差點失守這座城市，而《達比克》也因此停刊。但是 ISIS 沒有

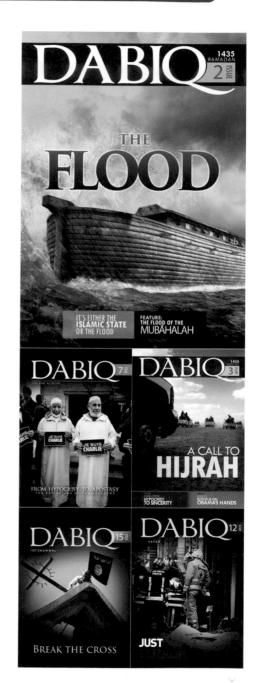

一蹶不振，反而在兩個月之後
火速發行下一代的洗腦雜誌，
也就是目前最新的《羅馬》
（Rumiyah）。

《羅馬》發行於 2016 年 9 月 5 號。

《羅馬》的誕生

Rumiyah 這個字就是阿拉伯語的
「羅馬」。ISIS 將當年的羅馬帝國視
為今日西方文明的前身，因此羅馬可
說是 ISIS 在「現實生活」以及在「象
徵意義」上，都想要全力征服的地
方。

相較於前一代的《達比克》
著重在團結（tawhid）、尋找真理
（manhaj）、朝聖（hijrah）、聖戰
（Jihad），和社群（jama'ah）五個
概念，其目的是藉此凝聚組織理念，
並解釋一起奮戰的重要性；新一代的
《羅馬》篇幅較短，內容也更著重在
為何要去對抗 ISIS 的敵人，並合理
化對抗異教徒的恐怖攻擊行動。

《羅馬》還教導一般人如何用卡車、刀子進行恐怖攻擊，或是如何製作汽油彈、如何綁架人質等等方法，實在令人不寒而慄。更誇張的是，雜誌還會附上一頁製作精美的數據圖，專門吹噓 ISIS 在世界各地進行恐怖攻擊的「成果」。例如殺害了多少異教徒、攻破了幾台坦克等等。但也正因這種手法，ISIS 才能不斷號召新人，並且成功維繫組織內部的認同感。

《羅馬》刊登 ISIS 在世界各地的暴行記錄。

第二招：網路上傳血腥影片

在此章節開始之前，要特別奉勸未滿十八歲及身心脆弱者，千萬不要因為好奇，找影片來挑戰自己的極限！

除了以文字、圖片為主的雜誌，ISIS 另外一個重要的行銷手法就是拍攝影片。透過他們自己的網站以及 Youtube 這類的影片平台，ISIS 大量散播各種現場的血腥影片到全世界，甚至還會讓噬血的主流媒體擷取，成為一則一則的新聞報導。這個手法的效果十分強烈，不但成功讓全球對 ISIS 產生恐懼，更廣泛吸引了那些同樣具嗜血性格的極端分子加入，願意表示忠誠、獻出生命。

這些影片的內容，不外乎就是他們犯下的各種暴行，例如人質、戰俘斬首等。2018 年，ISIS 便在旗下網

站發行了一部名為《回應呼喚》的影片。

短短兩分多鐘的影片裡，他們呼籲身在美國、俄羅斯、歐洲、澳洲及其他地方的兄弟們站出來，加入他們的行列。看起來好像只是一般的宣傳片。然而播到一半，畫面瞬間切換，我們看見巨大的炸彈爆炸，接著是一連串的槍雨彈林，一旁搭配「把他們全部殺死」、「是時候崛起了」等等聳動的字幕，還自稱是「以伊斯蘭法之名」。幾分鐘不間斷的殺戮畫面令人膽戰心驚，甚至出現斬首特寫。

為了完成本章，我試著從頭看完

「士兵的收割」的戰果吹噓。

整部影片，但中途我再也無法忍受它帶來的強烈不安感。我可以感受到鏡頭裡面的人們，正冷血地享受著殺戮的快感，以及透過暴力而凌駕眾人的喜悅。

此外，ISIS 也會製作一些特定的影片專題，一集一集不定期播送。例如「士兵的收割」這系列就是用影像來呈現他們的恐攻成果，值得注意的是，影片的各種特效、圖表都製作得十分精緻，絕非粗製濫造。從這點就看得出來，ISIS 花了很多心思在影片宣傳上。

小結

你可能會問，這些令人作嘔的影片與雜誌，要怎麼使人信服，甚至想要加入他們呢？

事實上，這類的行銷宣傳所吸引的正是對殺戮著迷的極端分子。ISIS 用盡各種論述、扭曲經文含義，創造了一個屬於這群人的烏托邦，在裡面他們可以為所欲為；另一方面，卻又以「以阿拉之名」、「在伊斯蘭法的允許之下」等口號做包裝，讓這些行為變得彷彿合情合理，甚至「合法」，也因此建立了 ISIS 的恐怖成就。

聽音樂、滑手機、搞革命——阿拉伯之春

阿拉伯之春指的是 2010 年底到 2012 年中左右，從突尼西亞發起、擴散的一系列民主化革命運動，這場運動一路蔓延至北非、西亞的許多阿拉伯國家，包括利比亞、埃及、巴林、敘利亞等。

革命期間，許多國家的專制領袖遭到推翻，也有一些國家爆發內戰、衝突不斷，甚至導致了伊斯蘭國趁亂興起。

時光飛逝，轉眼間阿拉伯之春已經過去八年了，這場革命受到的評價

摩洛哥　突尼西亞　敘利亞　黎巴嫩　伊拉克
阿爾及利亞　利比亞　以色列邊界　約旦　科威特
西撒哈拉　埃及　沙烏地阿拉伯　巴林
茅利塔尼亞　蘇丹　阿曼
吉布地　葉門
索馬利亞

阿拉伯之春蔓延範圍

埃及解放廣場，滿滿的抗爭人潮。（攝影：Wael Mostafa）

不一，這些阿拉伯國家的往後發展也大相逕庭，這裡並不一一細談。

不過，值得注意的是，在這場大規模革命中，我們可以看見許多非傳統、新世代的抗爭元素，這些元素在推翻專制政權的行動裡，扮演了關鍵角色。而我們要介紹的就是當中的流行音樂和社群媒體。

阿拉伯世界的新聞媒體普遍將這一系列的行動稱為「革命」、「起義」，或是阿拉伯語的 intifada、thawra、sahwa、nahda。這些單字多帶有「從下至上」、「抗議」的含意。

阿拉伯之春與流行音樂

流行音樂不只是流行音樂，它們往往還記錄了一個時代的變遷，例如台灣過去的校園民歌運動，以及新台語歌運動，都為當時社會環境標上了鮮明的註記。在阿拉伯世界，我們也聽見了 70 年代埃及的新型態音樂沙埃比，與阿爾及利亞融合傳統與現代的拉伊。

而阿拉伯之春這一連串的大規模運動中，流行音樂當然也沒有缺席。

埃及

後來，隨著阿拉伯之春延燒到埃及，許多歌手便以解放廣場做為創作與展演的空間，發表了一系列關於革命、反政府的歌曲。像是歌手拉米·艾森（Ramy Essam）一首〈滾開〉（Irhal），大剌剌道出埃及人民心中對當權者最直接的訴求。

突尼西亞

在突尼西亞革命初期，就有許多反政府歌曲在年輕人的圈子流傳、爆紅，其中最著名的當屬嘻哈歌手「將軍」（El Général）一首〈國家總統〉（Rais Lebled），不僅因歌詞寫實生猛而大受歡迎（將軍本人還遭到政府逮捕），更進一步促成了全面抗爭，因此被奉為推翻班·阿里獨裁政權的推手呢！

突尼西亞不只有嘻哈，還能用嘻哈革命！

嘻哈歌手——將軍

埃及政府曾在革命期間實施嚴格的網路審查，在這長達一週的期間內，嘻哈團體阿拉伯騎士（Arabian Knightz）錄製了歌曲〈反抗〉（Rebel），並在網路開放後的第一時間發行。這首英阿語混合的歌曲取樣自美國歌手羅倫·希爾的同名歌曲，描述埃及人民渴望自由、反抗專制的心願，同樣大受歡迎，一公布就立刻在網路社群

散播開來，也成了另一首埃及革命的代表作。

〈國家總統〉歌詞節錄

總統先生，你的人民死去
好多好多人從垃圾堆撿東西吃
你看看這國家發生了什麼事！
悲慘世界到處都是，
人民卻連睡覺的地方都沒有
我以人民之名訴說，
以被權力大腳踩扁的人民之名訴說

利比亞

　　利比亞嘻哈歌手伊本·沙比特（Ibn Thabit）早從 2008 年便開始創作多首批判格達費政權的歌曲，並放在自己的網站上，以開放版權的形式供網友任意下載，很快便累積了大量人氣。

　　自突尼西亞革命爆發，利比亞人也一直在觀望革命是否會延燒到自己的國家，沒想到

短短一週後，伊本‧沙比特就發表了多首呼應局勢、倡導抗爭的歌曲，如〈呼喚利比亞青年〉（Calling the Libyan Youth）、〈革命小姐〉（Ms. Revolution）、〈尋找自由〉（Lookin for Freedom）等，因此促成了利比亞推翻格達費政權的民間力。

伊本‧沙比特自己說道：

做為嘻哈歌手，我們不是革命的領導者，我們只是發聲，我們只是反映出社會上不斷發生的對話。我們只不過是把人民心裡所想、卻不敢說出來的事情給添上旋律。

伊本‧沙比特

阿拉伯之春與社群媒體

阿拉伯之春爆發後，Facebook、Twitter、Youtube 等社群媒體，意外成為革命的重要推手，許多相關研究都聚焦探討這場革命與社群媒體的關聯，甚至有評論稱之為「網路革命」、「臉書革命」。

在社群時代以前，人民參與革命的方式是實際走上街頭，和其他人一起搖旗吶喊；然而社群媒體的出現提供革命者另一個參與的平台，這個平台不但不受限於空間、時間，也更加具有私密性和凝聚力。革命期間就常有線上號召、線下動員的現象。

就拿埃及來說吧，到 2011 年為止，埃及的網路普及率來到 24%，智慧型手機的普及率大約為 30%，年輕人習慣在臉書上成立社團、粉絲專頁，並透過 Youtube 分享影片、交流訊息。

2010 年 6 月，早在埃及革命之前，一位名為哈利德‧薩伊德 (Khalid Said) 的年輕人莫名被逮捕，並且被兩名警察毆打致死。薩伊德死後血肉模糊的照片被家屬上傳至社群媒體，瞬間引起全國的巨大關注，「我們都是哈立德‧薩伊德」（We are

革命現場時常可見人民手舉「臉書革命」的標語。（攝影：Essam Sharaf）

革命時期，有許多民眾都會舉像這樣的海報來表達理念。

解放廣場的革命人潮。（攝影：Essam Sharaf）

all Khalid Said）的粉絲專頁也應時成立，短短半個月粉絲人數就來到 13 萬，使得埃及長久以來的警政暴力問題被迫浮出檯面，民間批評政府的發言也越來越多。

粉絲專頁在 2011 年達到 35 萬粉絲數，創辦者威爾・哥寧（Wael Ghonim）於是鼓吹粉絲走上街頭抗議，而這次的街頭抗爭就成為後來埃及革命的前哨戰。

除了臉書粉專外，推特也是革命期間消息傳播的重要媒介。許多在街頭和解放廣場實際參與的人，都會同步將最新發生的事件推上網，這些第一手資訊往往比新聞更具真實性和時效性，成為了記錄革命的重要素材。

跨海的超級媒體人

安迪・卡文是美國公共廣播電台的資深社群媒體策略家，阿拉伯之春期間人在美國的他，以一週七天、每天十八小時這樣的高密度高強度，在推特進行現場採訪，同步與地球另一端的事件目擊者更新訊息。卡文每天過濾數千則推特訊息，透過這樣的方式，他「目擊」了在突尼西亞的革命星星之火，如何擴散至埃及、巴林、利比亞、敘利亞等地。之後，他將自己在網路上目睹的革命過程，寫成《遙遠的目擊者》一書。

《遙遠的目擊者：阿拉伯之春紀事》，2013 年，立緒出版。

社群媒體出現以前，人們的連結方式有限，資訊流通的速度也緩慢，多半需要仰賴新聞媒體，被動地接受資訊。社群媒體的出現，將每個人都納入資訊提供者的行列，每一則推特訊息或 Youtube 影片都是新聞的素材，而這些未經修飾的素材，尤其對那些嚴加控管媒體的政府不利，這也是為什麼埃及革命期間政府要全面切斷網路，禁止社群媒體。

在這場「革命 2.0」裡，社群媒體重塑了報導與觀眾之間的關係，兩方不再是單方面的傳播／接受，更是一個可以不斷刷新的雙向過程。此外，網路提供一個專屬空間，讓懷抱共同理念的革命者得以互相交流、取暖，在這裡──可能是粉絲專頁、也可能是社團、推特──人們的歸屬感快速凝聚，形成了一股強而有力的革命催化劑。

我 2014 年到埃及遊學，那是我第一次出國，便去到一個與台灣如此不同的國度。我記得車子駛上高速公路，沿路上黃沙滾滾，讓人分不清楚到底開了多久。

下了交流道，來到學校的所在地——亞歷山卓，映入眼簾的是座兼容阿拉伯和歐式建築特色的城市。車子駛過住處附近的圍牆，看到牆上一片大面積塗鴉，在缺乏變化的黃沙場景中脫穎而出，牢牢吸引住我的目光。

在埃及的這段期間，時不時會有埃及人跟我說：「埃及變了，跟以前不一樣。」我問他們哪裡變了？有人說變得更自由，有人說治安變得更差，似乎每個人對革命蛻變後的埃及都有不同想法。

埃及革命與街頭藝術

2011 年 1 月 25 日，埃及人民決定走上街頭，要求執政長達三十年的穆巴拉克總統下台。埃及人民有三個心願：麵包、自由、社會正義。

長達近十八天的激烈抗爭後，獨裁者下台，人民歡天鼓舞，贏來一個暫時陷入政治空檔的動盪社會。2012 年，埃及人民選出革命後第一任總統，埃及兄弟會的穆西。短短一年，首位民選總統又被軍事強人塞西給推翻。埃及的命運在革命之後，竟變得更加多舛。

埃及革命期間，解放廣場成了一個重要地標，各種藝術形式在這裡百花齊放。解放廣場上的詩人、音樂家、舞者不斷提出各種創作，試圖與政府、社會對話；而廣場之外的街頭巷弄，則化身為塗鴉藝術家無限延伸的畫布。

埃及的塗鴉藝術在革命期間異軍突起，獲得了廣大關注。革命之前，像這樣的街頭藝術並不興盛，即便有，主題也只能限制在政府可容忍的範圍內。然而，由於革命期間的大眾媒體受到嚴屬管控，反倒為這些體制外的街頭藝術提供了機會，讓他們得以向人民傳播那些受官方刻意掩蓋的事實。

開羅街頭的塗鴉，寫著大大的 REVOLUTION（革命），並融入了人民的吶喊。

2010 年 6 月，埃及國內氣氛緊張，一觸即發。一位名為哈立德·薩伊德的青年遭警察打到血肉模糊，照片在網路流傳，引起全國人民的熱議和憤怒。網友還為他成立「我們都是哈立德」的粉絲專頁，短短時間便吸引上萬人關注。這件事情間接促成了隔年的 1 月 25 日革命。

穆巴拉克被推翻之後，埃及軍隊不再受控，權力隨之上升，人民與軍方的衝突也日益劇增。坐落在解放廣場旁的穆罕默德麥哈穆（Muhammad Mahmoud）街，原本就聚集了許多革命期間的民眾，時常發生軍民衝突，後來更演變成大規模的暴力鎮壓。

這次的衝突裡，軍警攻擊手無寸鐵的示威者，並發射催淚瓦斯和橡膠彈，許多民眾身受重傷、雙眼受損，甚至失去生命。

事後，穆罕默德麥哈穆街的牆面上冒出了各式各樣的塗鴉，所繪的多半是這場鎮壓的殉難者。一張張殉難者的臉孔維妙維肖地畫在牆上，有的還畫上翅膀以及名字，表示願他們在天堂安息。

媒體能受特定人士擺布，街頭卻是真正屬於人民的場域。即便官方很快就將大量的塗鴉漆白，但新的作品馬上就會補上、填滿。穆罕默德麥哈穆街也因此有了「自由之眼大街」的稱號，搖身一變成為埃及革命與街頭藝術的重要場所。

描繪一張張殉難者臉孔的塗鴉。（攝影：黃楷君）

我的聲音還活著。（攝影：黃楷君）

殉難者的榮耀。（攝影：黃楷君）

衝突期間，也發生軍人毆打女性示威者並脫去衣
物的事件，照片廣為流傳，受到嚴重撻伐。官方
雖然試圖簡單帶過此事，但在穆罕默德麥哈穆街
上，早就有藝術家為人民畫出這幅驚世的塗鴉作
品。（攝影：黃楷君）

「牆上的女人」作品。
（攝影：黃楷君）

埃及革命期間，塗鴉藝術家在街頭大放異彩，其中也包含許多女性。身為街頭藝術家，又身為阿拉伯女性，使得她們受到了比男性更多的關注（尤其是在埃及）。埃及街頭對女性並不友善，四處頻傳的竊竊私語，以及肢體上的各種騷擾，都是無形、有形的障礙，阻撓了女性在街頭的自由活動空間。

然而，革命過後，各式的社會議題被迫浮出檯面，除了政治議題外，性別議題也加入了戰局。大量女性加入街頭藝術的創作行列，其主題包含性別平權、反性騷擾等從前少見於埃及公共領域的議題。

「牆上的女人」(Women on Walls)便是一個全部由女性組成的街頭藝術團體，她們透過一系列反性騷擾的創作，試圖重拾女性在街頭上的位置與自由，也讓大家注意到女性創作者在街頭藝術中的分量。

除了牆上的女人這樣的藝術團

「你是男人，還是鹹豬手的畜生？」
（攝影：黃楷君）

「不准摸，不然就閹掉。」

體，也有許多獨立的女性藝術家在街頭奮鬥，如艾雅·塔莉克，她在革命前就已經在亞歷山卓進行大量創作，被視為是埃及女性街頭藝術家的先鋒。

漢德·希娜是革命後投身創作的藝術家，作品可見於解放廣場行政大樓的牆上。她的創作主題表達了身為埃及女性會遇到的挫折，其中最有名的一件是描繪一個女人站在紅色禁止標誌裡面，上頭的標語寫著：「不准摸，不然就闖掉。」

從街頭藝術來觀察埃及社會，是件非常有趣的事，而有了女性藝術家的加入，更使得這個原本只以男性為主的場域，多出不一樣的聲音。她們的作品風格強烈、一針見血，道出了埃及女性（及阿拉伯女性）壓抑許久的心聲，更捍衛了女性在公共場所活動的基本權利。

結語

> 伊斯蘭文化不神祕，而是充滿值得我們探索的文化世界。

　　從前關於阿拉伯語、阿拉伯文化的各種文案，最常見的就是「揭開 XXX 的神祕面紗」；然而，對於一個涉及三億人口以上、橫跨亞非兩洲、方言數超過十餘種的廣大區域，我們卻籠統將之歸類為一張面紗，對於背後多元的人文地理面貌卻毫無頭緒，甚至帶有負面刻板印象（如果有人以「揭開台灣人的神祕面紗」介紹台灣，聽起來會有多刺耳）。仔細想想這是多麼冷漠又危險的思維。

　　本書並不是博大精深的中東通史教科書，也不是讓你在外地可以暢行無阻的旅遊書，它可以提供的，是讓你往後聽到中東不再只想到恐怖分子或是沙漠；讓你對阿拉伯流行文化、飲食、旅遊產生一點點興趣，甚至願意進一步探索更多未知的阿拉伯世界。如果你開始這麼想，我想這本書的目的就已經達到了。

　　因為父母、師長的支持，我有機會到阿拉伯世界，親自體驗我所熱愛和學習的一切，也讓我開始思考難民、戰爭、種族、宗教等台灣幾乎不會經驗的議題。很榮幸地，這些經驗給我的養分，我都將之化為文字，和讀者分享這個令人又愛又恨的阿拉伯世界。

　　最後感謝我的父母，沒有他們就不會有這本書的出現。

哈寧 Hanin

多認識一個文化，更懂得帶著尊重的心，看待彼此。

　　中東世界並沒有蒙上什麼神祕面紗，那純粹是我們故意賦予這個文化的印象。想想看，我們就不會說歐洲或是媽祖有著神祕面紗。不過充滿神祕感倒不是一件壞事，畢竟有夢最美，人類對於未知事物必然是充滿憧憬。然而，如果只是一味抱持不實際的幻想，甚至以為去了阿拉伯就會從此豁然開朗、改變人生，那就不太健康了。比較可能的際遇是，你去到當地旅遊才發現處處事與願違，金字塔周遭都是垃圾、沙漠如廁令人作嘔、大太陽底下騎駱駝，曬到你五分鐘就想下去……當初過於美好的幻想，最後卻成了失望。

　　看完這本書你會發現，這不是一本所謂的旅遊勵志書，我們不會說因為認識了阿拉伯人而有什麼人生轉捩點，或是在沙漠露營看銀河，就突然悟出生死哲理。我們在這本書最想傳達的事情，就是訴說我們在國外求學的見聞，希望藉由這些冷知識，讓各位讀者對阿拉伯有個簡單、有趣的初步認識。我們希望你能理解，阿拉伯跟任何其他人類文化一樣多元，甚至充滿差異——穆斯林有順尼與什葉之分，阿拉伯語也有方言與官方之分，包羅萬象。

　　世界之大，無奇不有，最終還是希望讀者能懷著一顆開放、平等的心來看待異己。我們都知道，出國旅行必須尊重他人的宗教與文化，這甚至已是陳腔濫調。但更重要的是，當我們回到台灣後，外籍配偶、外籍移工、穆斯林……這些少數族群同樣就在我們身邊，各位是否也能繼續帶著尊重、同理的態度呢？

約瑟夫 Yusuf

推薦閱讀

關於阿拉伯，如果還想瞭解更多，我們在此提供幾本好書，邀請你一起來閱讀！

全面失控：
一名戰地記者在中東的二十年採訪實錄

作者：李察·安格爾
2017.1 馬可孛羅出版

　　如果你對近代中東所發生的一切事情，包含兩伊戰爭、以巴衝突、阿拉伯之春，都有點好奇，但又苦於沒有一本書串聯各個事件的因果關係，那麼這本《全面失控》會是非常好的入門。作者是資深戰地記者，他將這 20 年的中東採訪經驗、心路歷程，以嚴謹又不失輕鬆的方式呈現給讀者，看完就能釐清中東這 20 年來到底在亂什麼。

焦慮的開羅：
一個瑞士臺灣人眼中的埃及革命

作者：顏敏如
2016.10 釀出版

　　《焦慮的開羅》是一本社會觀察型遊記，作者在阿拉伯之春後的埃及遊走，透過與當地導遊、記者等人的對談，描寫人民在革命過後的反應和想法。埃及人在革命後那種一方面對生活充滿希望，卻又對未來迷惘的心境，在作者的筆下顯得惶惶不安。對於革命後的埃及及其現況有興趣的人，可以讀讀這本小品遊記，想必會有許多感慨。

中東現場

作者：張翠容
2006.1
馬可孛羅出版

　　《中東現場》是我讀的第一本中東書籍，也是本書開啟了我對中東世界的好奇。作者走訪中東各國，採訪當地居民和恐怖組織的領袖，把中東各國的問題抽絲剝繭，為讀者理出頭緒及彼此間的關聯。十年前作者筆下的以巴問題、埃及世俗及伊斯蘭主義間的衝突、教派複雜的黎巴嫩和敘利亞所隱藏的危機，在今日思考中東局勢時，仍是重要的參考。

中東與伊斯蘭世界史圖解

作者：宮崎正勝
2008.9 商周出版

伊斯蘭史涵蓋歐亞非，有著極為複雜的過去；但本書作者宮崎正勝以簡明的方式說明伊斯蘭史的脈絡，並輔以大量的插圖，使讀者的理解能更具有系統。惟此書因大量簡化歷史，要注意其內容特別著重在伊斯蘭文化的概念，而非整個歷史的描述。

神遺棄的裸體：禁制的性，伊斯蘭世界的另類觀察報告

作者：石井光太
2014.10 大牌出版

市面上有許多討論穆斯林信仰、歷史的書籍，卻鮮少有作者真正走入穆斯林社會的底層，觀察極端貧窮穆斯林的狀況。《神遺棄的裸體》作者石井光太旅行穆斯林國家，寫下底層社會的人為了「生存」及「信仰」，不得不在兩難之間做出的矛盾抉擇。

香料漂流記：孜然、駱駝、旅行商旅的全球化之旅

作者：蓋瑞‧保羅‧納卜漢
2017.11 麥田出版

這是一本阿拉伯味十足的歷史書，作者以香料為主角，循線探索這些自古在人們菜餚中不可或缺的配角們，如何在商人和旅人的經營下，建立起連結歐亞非長達數世紀的驚人貿易之路。而盛產香料的阿拉伯半島、北非、南亞等，又是如何透過香料被納入世界體系中。書中還時常穿插食譜介紹，喜愛做菜又喜歡歷史的人一定會喜歡這本書。

穆罕默德：先知的傳記

作者：凱倫‧阿姆斯壯
2001.8 究竟出版

這本書是阿語系大一的必讀經典。作者除了書寫先知的生平外，也以大量的史料建構出最貼近當時社會狀況的描述，試圖弭平當代對伊斯蘭的脈絡不瞭解而產生的偏見。比起其他學者所著有關伊斯蘭的書，此書不僅出處嚴謹，內容也易讀，的確是可以當作瞭解伊斯蘭的入門書籍。

國家圖書館出版品預行編目資料

給我來一點阿拉伯／哈寧、約瑟夫著；古代穀 studio 繪.
——初版. —— 臺中市：好讀，2018.12
面：　　公分，——（一本就懂；20）

ISBN 978-986-178-475-5（平裝）

1.阿拉伯 2.中東 3.伊斯蘭

735.9　　　　　　　　　　　　　　　107018470

填寫線上讀者回函
獲得更多好讀資訊

好讀出版

一本就懂20

給我來一點阿拉伯

作　　者／哈寧、約瑟夫
總 編 輯／鄧茵茵
責任編輯／王智群
美術編輯／古代穀 studio
行銷企劃／劉恩綺
發 行 所／好讀出版有限公司
　　　　　407台中市西屯區工業30路1號
　　　　　407台中市西屯區大有街13號（編輯部）
TEL: 04-23157795 FAX: 04-23144188 http://howdo.morningstar.com.tw
(如對本書編輯或內容有意見，請來電或上網告訴我們)
法律顧問／陳思成律師

總 經 銷／知己圖書股份有限公司
106台北市大安區辛亥路一段30號9樓
TEL: 02-23672044／23672047 FAX: 02-23635741
407台中市西屯區工業30路1號
TEL: 04-23595819 FAX: 04-23595493
E-mail:service@morningstar.com.tw
網路書店：http://www.morningstar.com.tw
讀者專線：04-23595819#230
郵政劃撥：15060393（知己圖書股份有限公司）

印　　刷／上好印刷股份有限公司 TEL:04-23150280
初　　版／西元2018年12月1日
定價：300元
如有破損或裝訂錯誤，請寄回臺中市407工業區30路1號更換（好讀倉儲部收）

Published by How-Do Publishing Co., Ltd.
2018 Printed in Taiwan
All rights reserved.
ISBN 978-986-178-475-5